大学で学ぶということ

ゼミを通した学びのリエゾン

田中俊也・山田嘉徳 著
Toshiya Tanaka & Yoshinori Yamada

University learning,
what does it mean?

ナカニシヤ出版

はじめに

　本書は，4半世紀にわたる大学でのゼミ運営を通して，本当の意味での大学での学びとはどういうものかを追求し実践した記録である。3回生と4回生が同じ教室で時空をともにし，ひとりひとりの学生にとっては1年間，先輩・後輩とブラザーまたはシスターという形でともに学びともに歩んでいく。同輩とは2年間の濃い関係性を形成する。ゼミという学びの場と文化があり，4回生はそれを継承・発展させながら3回生を育てていく。3回生は新参者としてそのコミュニティに参加することから自然に学びが始まる。学びのはじめは4回生の卒論への取り組みというゼミの中心的文化に周辺的に触れることであり，やがてブラザーやシスター関係を形成することでその内容に踏み込み，参加することそのものが学びにつながっている実感を持つ。その関係性の中で学びは深まり，やがて先輩である4回生は卒業し，文化の中心的担い手は新4年生（それまでの3回生）となる。

　こうした学びのリエゾン（つながり）を，数年にわたる期間単位の世代間でのつながりと，年間の行事のなかに現れる先輩・後輩間のつながりについて克明な観察記録・資料をもとに，そのときどきの生々しいエピソードも交えながら生き生きと記述した。登場人物の中心は学び手である学生たち自身であり，指導者としての教員もそこにそっと寄り添い参加する。

　第I部は，4半世紀にわたって同一大学・同一専攻でゼミ指導に関わった一人の教員とその学生たちの，教えと学びの歴史の記録である。

　教員が赴任した直後の黎明期から，発展期，途中の在外研究での中断を経て再び始まる再構築期，学内行政や大学院での指導とも並行して進める充実期，そして今日の姿へと至る。

その過程で，大学の学びを考える際のキーワードやいくつかの論考を挟み込み，より大学での学びの姿の本質を分かりやすくするように努めている。各章末には，紹介したブラザー＆シスターの卒業論文での研究テーマを紹介している。

　第Ⅱ部は，毎年繰り返される，ゼミでの活動を，時間を追って，四つのフェイズで紹介する。

　始めは「出会い」である。4月の段階の新4回生と新3回生の出会いから始まる。去年1年間みてきた先輩のふるまいと，自分たちが受けてきた恩恵あるいは被害の記憶がかけめぐり，目の当たりにする不安いっぱいそうな新3回生にいかに接するか，楽しみと不安でいっぱいな4回生。同様にゼミへの期待と不安でいっぱいな3回生。そこでどのような関わりが展開されるのか。

　次は「ブラザー＆シスターの成立」。夏のゼミ合宿で，4回生はそれまで構築してきた卒論への取り組みを紹介し，自分のテーマの重要さ・面白さをアピールする。昨年自分が3回生の時の「選ぶ立場」のことを熟知しているので，あらゆるところに気をつけて自己のテーマのプレゼンをする。3回生はそれを聞いて，これぞと思う先輩のブラザーあるいはシスターの候補をあげ，以後調整をはかり，最終決定する。

　続いて後期（秋学期）の「卒論の深化とゼミ発表」。合宿で決定したブラザーあるいはシスターと，秋学期からいっしょにゼミ発表していく。その「協働」がみごとなハーモニーとなるか不協和音をつくってしまうか，大部分は4回生の力量にかかる。

　最後は，「別れ」の茶話会。年明けに卒論を提出し終えた4回生が，最後のゼミの時間に2年間のゼミ生活，1年間のブラザー＆シスターとの関わり等を振り返り，次世代のゼミ活動の中心の座を残る3回生に譲り託す。

　これら四つのフェーズを中心に，そこでの生々しい発話記録をもとに，その発言の本質的な意味についてわかりやすく解説した。

　こうして，年間の中心的な活動（第Ⅱ部）と，世代を越えた教員

自身の変化との絡みでの学生たちの学びの姿（第Ⅰ部）を紹介し，大学での学びの本質を紡ぎ出そうと試みた。

　本書では，大学での学びの本質の紹介と，コミュニティ（共同体）での望ましいと考えられる文化・価値観の継承がどのようにおこなわれるのか，ということに焦点をあてているが，逆の読み方をすれば，望ましくないと考えられる負の文化・習慣（例えば運動系クラブにおける体罰気質等）をいかに排除・根絶するのか，ということを考えるヒントになれば，とも考えている。

　読者の皆様の自由な解釈をおおいに期待するものである。

　なお，読み方としては，ゼミでの学びの姿を知りたい，と言う場合にはまず第Ⅱ部から読むことをお勧めする。一方，大学の授業の様子に精通されている方には，第Ⅰ部から順に読み進んでいただくことを期待する。

著者代表
田中俊也

＊なお，文中の人名の記述については，個人情報の保護に最大限配慮しつつ，生々しさを確保するためにイニシアルではなく，あえて「名前」を用いることとした。ひごろそういう呼び方をしているわけでは必ずしもないが，この方が読み手にも読みやすく，全体の文脈を理解するのに支障がないと判断した。連絡のとれる最大限の人にはそうした記述についての了解をとっている。第Ⅰ部では異なる期で同一の名前がある場合は（　）内に卒業年を加え，第Ⅱ部では（　）内に，その時の学年を3，4という形で加えている。同期で同じ名前の場合はa，bで区別している。第一筆者は「トシ」，第二筆者は「ヨシ」とし，カナ表記で文中の学生表記（ひらがな）とは区別している。

学年の表記は関西地区では一般的な「〇回生」（1回生……4回生）表記とした。ただし，カリキュラム紹介等で学生ではなく制度的な「年次」を指す時には「〇年次・〇年生」とした。

目　　次

はじめに　1

第Ⅰ部　ゼミの変遷 ……………………………………………… 9

1　黎明期　11
　　着任初年次（1989 年度）　11
　　2 年目（1990 年度）　13
　　3 年目（1991 年度）　13
　　　グリークラブとブラザー制度　16
　　　ブラザー＆シスター・システム　16
　　4 年目（1992 年度）　18
　　　ゼミだより創刊　20
2　発展期　24
　　1993 年度　24
　　　ゼミ登録　25
　　1994 年度　26
　　　ラブ・アフェアー　26
　　　学内外広報　27
　　1995 年度　30
　　1996 年度　31
　　　ゼミ合宿　34
　　　在外研究員・研修員　35
3　再構築期　42
　　1998 年度　42
　　1999 年度　45
　　2000 年度　46

　　　　2001 年度　　47
　　　　2002・2003 年度　　48
　　　　　理論実践の場としてのゼミ　　49
　4　充実期　　53
　　　　2004 年度　　53
　　　　2005 年度　　55
　　　　2006 年度　　56
　　　　2007 年度　　56
　　　　　初年次教育　　57
　5　成熟期そして今日　　66
　　　　　関西大学大学院心理学研究科　　67
　　　　　研究の倫理　　69
　　　　2008 年度　　71
　　　　2009 年度　　72
　　　　2010 年度　　73
　　　　2011 年度　　74
　　　　2012 年度　　75
　　　　　問題解決と課題解決　　76

第Ⅱ部　ゼミでの学びの日常性　……………………………………81

　6　出会い　　83
　　　　ゼミ初日　　83
　　　　3 回生のゼミ発表　　86
　　　　4 回生の卒業演習　　89
　　　　　学習から学びへ　　95
　7　ブラザー＆シスターの成立　　98
　　　　合宿の風景　　98
　　　　ブラザー＆シスターの決定　　104
　　　　レクリエーション　　110

　　　　　　学びと「正統性」の認知・アクセスのしやすさ　　112
8　卒論の深化とゼミ発表　　115
　　　　3回生の学び　　116
　　　　4回生の学び　　119
　　　　協同での学びにおける「矛盾」　　122
　　　　4回生同士の学び　　126
　　　　ピア活動とブラザー＆シスター制度　　129
9　別れ　　134
　　　　茶話会の風景　　134
　　　　ブラザーシスターとゼミの振り返り　　138
　　　　組み合わせの不本意さの克服　　140
10　ゼミでの学びのモデルと文化の継承・断絶　　144

初出一覧・文献　　148
おわりに　　150
索　引　　154

第Ⅰ部　ゼミの変遷

黎明期

発展期

再構築期

充実期

成熟期そして今日

Chapter 01

黎明期

着任初年次（1989年度）

　トシは名古屋での6年間の助手生活を終え，1989年4月1日，関西大学文学部教育学科に専任講師として赴任した。翌1990年より助教授。

　当時は現在トシが担当（全学の「教育開発支援センター」というFD活動に特化した組織での新任教員オリエンテーション）しているような新任教員に対する組織的なオリエンテーション行事はなく，トシは，大学会館での理事長からの辞令を受け取ってそのまま「実験室」（教育学科は心理学専修をもっている関係で，教員・学生の一種「たまり場」があり，それを実験室と称していた）に直行，居合わせた既存の先生方に挨拶をし，すぐに個人研究室に向かい，荷物の整理を行った。

　当時のカリキュラムを紹介しよう。

　文学部教育学科は，1，2年時は「教育学科」生として，教育学，心理学いずれも学ぶことができ，3年時で心理学専修か教育学専修に分かれ，それぞれの専修でゼミが始まる。ゼミは通常，3年時所属したゼミを引き続き4年時も継続し，2年間同じ教員のもとで学ぶ形になっていた（ただし，教員が在外研究員をとったり，国内研修員をとったりする場合には，その間ゼミを移籍する，という教室文化があった。その場合の移籍は，学生の自由意思および，受け入れ側の教員の裁量に任されていた）。やがて心理学専修にいきたい学生は，先修条件として選択必修の形で置かれていた2年時配当の心理学の専門科目を履修することになっていた。

図1-1　心理学一般実験1組

図1-2　心理学一般実験2組

　赴任初年次はゼミの担当はなく，代わりにトシは，心理学専修の専門科目である「心理学一般実験」という通年実験授業や「心理学講読演習」という英書講読専門科目等を中心に担当した。この「一般実験」は，心理学専修学生60余名を2クラスに分けて，それぞれのクラスで「心理第一実験室」という，室内に8つの実験用個室と講義室を持つ特殊な実験室を用い，中央の講義室で実験の講義をした後3，4名の小グループに分かれて個室で実験し，終わって出てきて再び講義室でまとめ方の講義をし，2週間後までにレポートを提出する，それを繰り返す，という，学生にはきわめてハードな授業であった。これを2クラス，トシ一人で担当していたのであるから，学生以上に教員の負担は過大なものがあった。

　しかしながらその分，学生たちとのコンタクトは密で，また，こ

の担当初年次のクラスには写真好きのムードメーカー・**だい**, がいて, 彼は自分のクラスではない時にもやってきて, クラスの写真を撮ってくれていた。また, **りつこ**は強いリーダーシップをもった学生で, ミニコミ誌を作って,「地獄のレポート」も, 学生たちは適度に楽しんでいた様子であった (図 1-1, 1-2)。

2年目 (1990年度)

2年目になって, 既にどこかのゼミに所属している新4回生で, 希望する者に対してトシが卒論のみ面倒をみることになった。これらの学生は心理学一般実験を担当した学生たちであり, 一般実験での指導等を通して, 4年時の卒論はトシにみてもらいたい, と望んで「出張・移籍」した学生たちであった (あるいは, 3年時の所属ゼミで仲間や教員とウマが合わなかったからという消極的理由からかも知れない)。男子学生6名, 女子学生4名が出張・移籍し, トシにとっては関西大学での初めての卒論指導であった。だいはもとのゼミのまま, **りつこ**は4年時で他のゼミに移籍した。**りつこ**と親しかった**みほ**がトシの卒論指導に出張・移籍した。また, 当時 Mac のノート版が出たばかりであったが, それにはまっていた**つねお**が出張・移籍し, コンピュータと教育について語ったりもした。また, 応援団吹奏楽部所属の**みわ**もこちらに出張・移籍した。**みわ**のゼミは3年次指導教員のままで, たった一人の指導生である**みわ**に話をしている時うたたねされた, と, その教員からきかされるほどの武勇伝を持つ。10数年後大学院心理学研究科に現職のまま入学し, 学校心理士の資格をとって現在も教員で活躍中である (図 1-1, 1-2 に含まれる)。

3年目 (1991年度)

3年目から, ゼミもスタートした。新4回生10名が, 3回生時

図1-3　ゼミ4回生第1期

図1-4　ゼミ4回第1期生（2）

に所属していたゼミを移籍し，ゼミ・卒論両方を完全にトシに預ける形になった。前年度の4回生は卒論のみ面倒をみたが，この年から完全な「移籍」となったのである。これが可能であったのも，3年時の一般実験・講読演習での関わりがあったからであろう。形式上は完全な移籍ではあったが，3年時に所属したゼミで卒論にすでに取り掛かっていたものもいて，**よしこやかずみ**は3年時所属の時の教員の世話にもなるという形であった。**まさき(92)** は唯一の男子学生であった。体育会水泳部の**ふみ**，文化会交響楽団の**めぐみ**

(92)．5大サークルはじめいろいろなテニスサークルに所属する**ちあき(92)**，**ひろこ**，**りか**，**たかみ**等，個性豊かな学生がそろい，ゼミでは，「科学」についての心理学，科学心理学を扱った。いいテキストになる本（英語）がでたばかりで，それをてがかりに研究を進めていった。ただ，振り返ればこのころは意気込みが先行しすぎていて，学生たちがどの程度まで共通認識で取り組んでいてくれたかは定かではない。また，前年のように3年時の一般実験を受け持った学生が卒論の年にあたったのでゼミに関係なくトシの研究室に指導を求めてやってくるものが多く，**ゆりは**，「あたしたちの先生なんだからね！」と，親しい他ゼミの学生には予防線をはって笑顔で排除の試みをしてくれていたりした（図1-3，1-4いずれにも各1名，ゼミ生以外の者が混じっている）。**ゆり**は卒業後日本航空のキャビン・アテンダント（当時の言い回しではスチュワーデス）として活躍した。

1989年入学（トシの赴任の年）の学生にとっては心理学専修に所属して最初のゼミであり，2年間のゼミ生活を経験する最初の新3回生のゼミ生であった。総勢11名で，男子4名，女子7名であった。**まさたか(93)** と，同じサークルに所属していた**くみ**がゼミ長・副ゼミ長を務めてくれることとなった。**まさたか(93)** は現在も中学校教員，**くみ**は大学の職員を続けている。まさたかとともによしともリーダーシップを発揮し，**まさひろとかずひろ(93)** はムードメーカーであった。女子では**あけみ(93)**，**ゆうこ(93)**，**ようこ**がぐいぐい引っ張り，**さおり(93)** と**りか**はバスケの同好会所属で若干距離をおいていたが，**さおり(93)** は科学論において鋭い視点を持っていた。**もとこ**は2年先輩の，**みわ**の吹奏楽部の後輩で，意思決定に強い関心を持っていた。

この，正式のゼミの開始年から，ある着想でゼミを運営することを心に決めた。奇しくもLave & Wenger (1991)の，その後の学習観を一変させる重要な本が出版された年であり，むろんわが国にはまだその紹介は皆無であるころのことである。

グリークラブとブラザー制度

　トシは学部学生のころ，文化会グリークラブという男声合唱団に所属していた。当時は70名を越える大所帯のクラブで，男性のみ，合唱未経験者も多い，ということを配慮して，熟達した4回生が新参者の1回生に1対1でつき，発声や楽典のみならず生活上の支援もするという「ブラザー」制度があった。トシも当時4回生のN先輩のお世話になり，蚊の鳴くような声から朗々と第九のテナーソロが歌えるようにまで育てていただいた。メンターとかピアとかの表現で呼ばれることもあるが，存在そのものを引き受ける，という意味で「ブラザー」という表現をトシは好む。

　ここでは，単にレッスンの繰り返しをするだけではない。お手本となる先輩の所業をまねて，そこに近づこうとする。声という楽器が十全に機能するためには，その道具である心と体が十分に開放されなければならない。それを押しつけられるのではなく，自分から「そうなりたい」と願い，自発的な訓練をする。

　4回生対1回生，という制度的階層的な構造で押しつけられたブラザーのペアもあったかもしれないが，N先輩はジェントルマンで，決してそういう政治的なスタンスはとられなかった。このことがいっそう，トシにとってこのブラザー制度の記憶をいいものにしているのかもしれない。

ブラザー＆シスター・システム

　そこでトシはこの，グリークラブでのブラザー制度の記憶を，ゼミの運営に援用することとした。ちょうどゼミが始まった年が4回生10名，3回生11名であった（形式的には，4回生も11名であったが，これは上位年次の残留生がいたことからであり，指導も別枠で行ったのでここではカウントしていない。名誉のために名前は伏せるが，卒業後長期アメリカに留学し，今は中部地区の二つの大

第1章　黎明期　17

図1-5　B&S第1期合宿

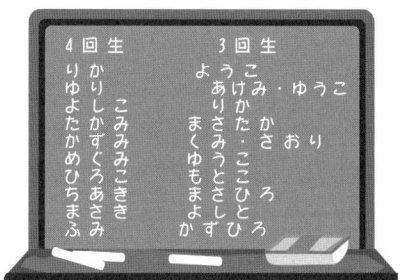

図1-6　第一期（1991年度）のブラザー＆シスター

学で英語の講師をしている。）ので，一人の4回生に一人あるいは二人の3回生がついて「ブラザー」「シスター」のペアをつくるという「ブラザー＆シスター」システム（以下，B&Sとする）を構築することとした。男女混在であるので「ブラザーシステム」と称することはできない。

　その中心となるフィールドは4回生の卒業論文作成の場である。カリキュラム上は4回生のゼミは「心理学特殊実験」というコマ，3回生のゼミは「心理学演習」というコマであり，4回生にはもう一つ，「卒業演習」という卒論指導に特化したコマがあり，そこで卒論についての個別指導を，4回生が全員集まる場で行った。

　トシはまず，「ゼミ」を，3，4回生合同の教室で行うこととし，トシの専門領域（思考・問題解決・意思決定・教育心理学・教育とコンピュータなど）を中心としてテーマを提示し，学生の関心領域を尊重してゼミ発表を中心に運営した。同時に4回生のみの「卒業演習」の時間を通して4回生は卒論のテーマ（仮テーマ）を固めていった。

　4か月近く経過した7月の初め，3，4回生合同の合宿の場で卒論中間発表として4回生が卒論のテーマを発表する。4回生の発表がすべて終わったら4回生には退席してもらい，その場でB&Sを決める会議を行う。自分がつきたい4回生を指名するのは3回生で

あり，逆指名はない。

　当然，特定の4回生（卒論のテーマ，人柄，人格等，どのような形であれ，3回生に，「この人といっしょにやっていきたい」と思わせる4回生）には希望者が集中することもあるがその場合は，もっともリーゾナブルな形で調整する。

　こうしてできあがった，第1期（1991年度）のブラザー＆シスターシステムを図1-6に示す。

　4回生の**ゆり**のシスターとしてついた3回生の**あけみ**(93) は，「姉」を追って1年遅れで同じく日航のCAになり，現在なお若手の教育係等を中心に機上の人でもある。

4年目（1992年度）

　3年目はトシのゼミの形式（B＆S）の完成した年であったが，この年の4回生はまだ，4回生からのゼミ所属であり，2年間，ゼミ生活で育てた学生ではなかった。3回生の時1年間トシのところでゼミ生活をした新4回生，これからゼミ生活を始める新3回生という意味で，古参者としての4回生，新参者としての3回生がそろった，モデル的なゼミの運営が始まったのは赴任後4年目，1992年度からであった。

　図1-6の，**ようこ**から**かずひろ**(93) までの11名が新4回生であったが，実はこの年，2名の教員が同時に研修員や在外研究員をとったため，3回生でそれらの先生のところにいた学生がそれ以外のゼミに受け入れてもらうため移籍希望を出してきた。それに加えて，前年度同様，ゼミ所属はそのままで卒論のみ面倒を見る，という制度も踏襲したので，新4回からのゼミ・卒論指導希望の14名（ゼミごと移籍10名，卒論のみ4名）の新規生を受け入れることとした。結果的に，総計25名の4回生，というとほうもない規模の所帯となった。トシにとってあとにも先にもこの規模が1学年のゼミ生数であったことはない。それとは無関係に，新3回はゼミ所属希望を

出し，8名の新3回生を受け入れることとなった。結果的にこの年度は3，4回合同33名のゼミで，運営には大きな困難が予想された。ところが，ふたをあけてみると，新4回で移籍してきた男子は多くが既存の4名の親しい友人であり，**たかとく，かずてるはまさたか，よしとら**といっしょになって大いにゼミ運営に貢献してくれた。卒論が佳境に入ってきた11月末には有志で山陰にゼミ旅行にでかけたり（図1-7），卒業式直前には同期でもう一度合宿しよう，ということで，お別れゼミ合宿をしたりした。これも後先ない行事であった。トシはこの時初めて，みんなの熱意に押されて「ゼミ修了証」を発行（図1-8）。以後，ゼミでの伝統となった。

この大所帯で運営がスムーズに進んだのは，新3回生の有能さも大いに貢献した。**あきことよしたか**がそのとりまとめをしてくれたが，「あっこちゃん」と同輩にも先輩からも慕われた**あきこ**のリーダーシップには脱帽するところがある。体育会なぎなた部をとりまとめる力がそのままゼミ運営にも発揮され，冬合宿では初めて彼女ら後輩からの

四回生ゼミ旅行敢行！

旧来のB&Sを中心に総勢十一名で二泊三日で，なんと十月末（なんと，の意味が分かりますよね……）に山陰に旅行に出かけました。私は授業の関係で同行できませんでした。（旅費の関係で平日だったものですが，非常によかったようです。男女ちょうど半々だったようですが，車三台でとりなく無事に帰って来てくれました。最終日の夜にはそのまま私の自宅に好物のカニをみんなで届けに来てくれ，感激ひとしおでした。若さに嫉妬します。）

図1-7　山陰旅行（ゼミだより2より）

図1-8　92年度4回生合宿（卒業式直前の飛鳥にて）

図 1-9　1992 年度ゼミ集合写真

「出し物」があり，爆笑をかったものである。**たかとく**「たいしょう」と**あきこ**「あっこちゃん」の盤石のブラザー・シスターができあがり，大いに盛り上げてくれた。

　4 回生全員が 2 年間のゼミ生活を送ったものではない，と言う意味では「モデル的なゼミ運営」とは言い難いかもしれないが，以後のゼミでの活動のモデルを構築した，重要な年度であると確信している。

　ちなみに，**たかとく**は北海道で現在も中学校の教師をしている。**あきこ**は，1 年先輩の**くみ**と同様，大学の事務職につき，**くみ**は今でも現役，**あきこ**は数年前退職し子育て・自己研さんに勤しんでいる。**くみ**と**あきこ**は B ＆ S の関係ではなかったが，**ゆり**と**あけみ**（93）のように，同じゼミから継続して同じ職場への就職が実現している。

ゼミだより創刊

　実質的なゼミ卒業生第 1 期を送り出した後の 1992 年 4 月，卒業生にゼミの様子を知らせるために「ゼミだより」という不定期刊の通信を出すことにした。1992 年の創刊以来，在外研究で 1 年間ゼミ活動が中止する 1996 年度まで，合計 10 回のゼミだよりを発行した。

　図 1-7 にその一部を紹介したが，ゼミ運営をブラザー＆シスター

第1章 黎明期　21

卒業後一ヶ月経ちましたが、その後いかがお過ごしですか？大学生活から抜け出し、研修もほぼ終わり、配属も決まって再度新たな出発となったことでしょう。

初任給は、有効に使えましたか？何よりもお内の方への感謝の意を色々な形で表しておきましょう。（余計なお世話ですが・・・）

さて、ゼミの仲間達の動向と現役諸君の連絡・情報交換の場として、ゼミだよりを出す事にしました。不定期刊の新聞です。大学の様子、心理の教室の様子、ゼミ風景など、ちらからの情報と、皆さんが提供していただく情報とを、皆さんの毎日の生活の中で、ちょっとした心のオアシスとなるよう、編集してみようと思います。いいアイデアがあれば是非ご提案下さい。

図 1-10　ゼミだより　創刊のことば

制度で運営するとした段階で、その発行の構想は必然的なものであった。卒業してしまっても、自分についていたブラザーやシスターはどうなったのか、ゼミはどうなっているのか、大学は、と、いろいろと気がかりな点がでてくる。それに応えようとしたわけである。

以下、巻末の資料に加え、随所に該当する記事を紹介する（ただし、きまぐれな発行（「創刊号」に明記）なので、B5判であったり、葉書サイズであったりA4用紙2枚であったり、書式はばらばらである。再録にあたっては当時の「ファイル」は存在せず、プリントされたものを再度デジタル化したせいで、もとのプリンタのドット数が粗かったりで大変よみづらいことは了解されたい。また、個人情報保護のため、人名等一部伏字にすることも了解いただきたい）。

創刊号	1992.04.27		
第2号	1992.11.11	第6号	1994.05.12
第3号	1993.05.07	第7号	1994.11.15
第4号	1993.08.29	第8号	1995.04.24
号　外	1994.1.10	第9号	1996.01.10
第5号	1994.3.22	第10号	1996.06.05

以下、随所にそれを紹介することとする。

ゼミ活動の足跡 (黎明期)

つねお	日本語文の読み・理解しやすさの促進要因の考察
みわ	二次元図版を三次元に表象する際の情報処理過程
みほ	「子どもらしさ」のイメージについての調査的研究
ゆり	第一印象の形成とその変容に及ぼす諸要因
ふみ	漢字の情報　先読み効果
ちあき(92)	中学生の課題解決行動に関する方略分析
ひろこ	流行への態度の世代間比較と社会的集団の及ぼす影響
よしこ	日本語「訓読み」の類似度評定に及ぼす漢字表記の影響―ドイツにおける対応語類似度評定の統制実験と比較して―
りか	何が子供の意志決定を促すか―お菓子の選択に及ぼす諸要因の効果―
まさき(92)	概念表象の能動的側面
かずみ	指示場の構造について(日独比較)―Puppenstube の実験パラダイムにおける教示効果の一分析―
たかみ	大学生のクラブ集団における理想的なリーダーシップ形態を求めて―PM 理論に基づく調査研究―
めぐみ(92)	音楽はどのように聴かれるのか―クラシック音楽の認知に関する―研究―
まさたか(93)	理論的思考が類似性の認識におけるメタファ理解に及ぼす影響とその関係
かずてる	映像の魔力―カメラアングルと感情―
さおり(93)	「人間科学」が「人間」にもたらすもの―その危険な側面―
もとこ	多属性の効用の統合過程と最終的な決定
かずひろ(93)	方向音痴の謎に迫る―方向音痴尺度の作成―
くみ	人間はいかに外界(データ)を見るか？
まさひろ	問題解決―情報量の違いが人間の問題解決行動に及ぼす影響―
よしと	真のリーダーとは―集団の問題発生時における望まれるリーダーシップ形態を求めて―
りか	類推による問題解決の情報処理プロセス―アナロジー推理課題の課題側の要因―
たかとく	過去の社会的規範に対する態度とその後のパーソナリティとの関係
あけみ(93)	表情と先行情報が印象形成に及ぼす効果

ようこ	テレビ CM のイメージが及ぼす購買意志への影響についての調査的研究
ゆうこ(93)	自己の決断力に関する認知が意思決定に及ぼす効果

Chapter 02
発展期(1993年度から1996年度まで)

1993年度

 4回生になったあきことよしたかのもとで，1993年度のゼミが始まった。この年も依然，4回生からのゼミ移行は認められており，新たに5名が加わって，新4回は13名でスタートした。また，新たにゼミ登録した新3回生は14名でそれに加えて他ゼミの残留生・学士入学生をそれぞれ1名引き受けた。それらの学生は別枠での授業であった。

 93年度は，13名の4回に対して14名の新3回で，ここでも1，2名の誤差があったが，B＆Sの構築においては基本的に1対1，望む者は2人の4回につく，という形でおちついた。体育会ホッケー部のたけし(94)はクラブの関係からリーダーシップに関心を持ち，前年度ブラザーでついていたよしとの研究を引き継いだ形になった。よしとは日本でも有数の大きな文化団体の後継者で，在学当時から「組織」の問題，そこでのリーダーシップに強い関心を持ち，卒業後その関係から世界中をかけまわり，現在は母校の教師をしている。

 あきこは卒論では実験をおこない，その実験材料の制作をさとみ(94)が手伝った。「選択」のための絵とその製品のキャッチコピーが2か所にあり，どういうレイアウトが最も購買意欲をかきたてるか，という研究であった。当時出回り始めたウオークマン型カセットレコーダーの絵がターゲットで

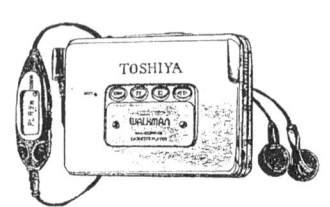

図2-1 実験材料

みごとな鉛筆画の立体像で，メーカー名まで書かれていた。だれもがスルーして読んでしまうメーカー名であった。こうした遊び心には感心させられたものである。

ひかりもウイットのかたまりで，応援団チア・リーダー部で常に忙しくしていた。とにかく授業の合間には練習・練習で，在学中2年間はジャージ姿以外はほとんどみかけることはなかった。同様に**まり**も女子ハンドボール部所属で，常にジャージ姿であった。

ゼミ登録

黎明期およびこの発展期においては，ゼミの登録方法はきわめて複雑な形をなしていた。

まずは，初回から数回ほどは「ゼミ回り」の期間として，特に新3回生は，自分のあうゼミを探るために，毎週異なるゼミに参加することが認められていた。むろん，初めから決めている学生は一切他のゼミに参加したりはしない。その後ゴールデンウイーク明けくらいまでに「心理学専修ゼミ登録」書（図 2-1）を心理学教室事務に届け出ることになっていた。

これは，ゼミの指定の曜日・時限が他の必修科目や資格関連科目，語学科目等と重なっている場合，便宜上は重なりのない他の教員のゼミに届け出，実質は望む教員のゼミに出席することができるように便宜を図ったものであり，これを3，4回生ともに提出させていたため，これまで紹介したような，4回生の段階ででゼミを移る，という事態も暗黙裡に認めていたということでもある。逆にこのために，形式的な事務室届を傘に，結局どのゼミにも出ない，という学生が生じてしまうことも含意されていた。この時期は，学生からの希望に対して，担当予定の教員の裁量で，可能ならいくらでも受け入れ，主観的にキャパを超えるようなら他の教員と相談する，という方法がとられ，学生のゼミ所属の意思が最大限尊重された。

1991年度　　　心理学専修ゼミ登録						
学籍番号	教　〜		氏　名			
3　回　生　用			4　回　生　用			
ゼミ	事務室届		ゼミ	事務		卒論	事務
	実際指導			指導			指導
関心のある領域				卒論計画			
将来希望の進路				希望進路			

図 2-2　ゼミ届

1994 年度

　1994 年度になって，**せいじ**，**まどか**たちの 4 回生に，4 回生からの移籍の**かおり**(95) が加わってきた。これで 4 回 14 名となり，この年は新 3 回が 20 名加わり，93 年度ゼミに匹敵する規模となった。4 回は**せいじ**が中心となり，**いっしん**，**たけし**(95)，**じゅんいち**，**こうじ**(95)，**さとし**という男子 6 人組がしっかりゼミ運営を引っ張って行ってくれた。**いっしん**は体育会アメリカンフットボール選手，**みゆき**(95) も体育会水泳部のマネージャーであった。**みゆき**(95) はその後運動をつづけ，今ではフルマラソンの常連参加者となっている。まりもの養育が趣味という**じゅんいち**は在学中はひょうひょうと過ごしていたが，計画通り公認会計士となり活躍している。この学年で初めて，卒業後のペアが生まれた。**さとし**と**かおり**(95) の同期夫婦である。

ラブ・アフェアー

　さとしと**かおり**の結婚式に招待されでかけたが，それまでにも，

ゆりを皮切りにいくつもの結婚披露宴に招待され，新郎あるいは新婦の同期のゼミ仲間と歓談できた。その後も，以下に述べる在外研究で国外にいる間にも結婚式があり，依頼されてビデオメッセージを届けた（**たかみ**）こともある。すべてきわめておめでたいことで，招待があれば極力出席させていただくこととした。

もっとも青春の輝く期間にそうした感情がめばえ，やがて伴侶を得て人生を共にする，ということはきわめて望ましいことであるが，トシは一つのポリシーを持っていた。それは「学生のラブ・アフェアーにはコミットしない」ということであり，そのことは学生たちも気づいていたようで，合宿等でいわゆる「コイバナ」を聞かされることはまずなかった。かといって，社会・政治談議をするわけでもなく，他愛ない日常的な話やゼミでの続きの話が中心であった。

ところが，一方で，学生たち自身は互いにそういう話はよくしていたようで，それもまた健全なことである。21世紀になったころから，コンパの席などで，何のはばかりもなく，まわりの仲間に自分の「彼」「彼女」の話をするものが増えたが，そういう時にいちばん困るのが，「コミットしない」というスタンスとの葛藤である。このことに関してだけは，「昔はよかった」。

さとしとかおりのことも，ひょっとしてかおりが4回生からゼミを変わってこちらにきたのもそういう気持ちがあったから，のことなのかもしれないが，「コミットしない」ので，経緯はいまだに聞いていない。これでいいのだ。

ただし，結婚後の，大人としてのかかわりについては，大いにコミットし，それぞれの人生を最大限応援しているつもりである。毎年ゼミ生からの楽しい年賀状がくるのを楽しみにしている。

学内外広報

94年度は関西大学に赴任して6年目。それに先立つ数年前から学内外の広報の機関からの依頼で心理学実験の授業やゼミの様子を

紹介している。一つは学内の，教育後援会という，いわば大学のPTAのような組織の会報『葦』からのエッセイ依頼である。ここでまず，先に紹介した，赴任以来継続して担当していた「心理学一般実験」の様子を，家庭教育での親の養育態度と絡めて紹介した。

―――― ＜先生の声＞ ――――

お人好しのつぶやき

文学部助教授
田中　俊也
（た　なか　とし　や）

ある人を好きになれば、その相手も自分を好きになる、という「好意の返報性」という心理学の原理がある。同様に、日常つきあっている相手を有能な存在と認めれば、実際に相手も有能さを発揮するという「ピグマリオン効果」という現象もある。

口の悪い人に言わせれば、人間なんてそんなお人好しばかりではない、ということになるが、果たしてそうであろうか。

私の担当する「心理学一般実験」という科目で、重さの違う七種類の錘について、二つずつ延々と一〇〇回以上も重さの比較を繰り返すという実験がある。実験も大変なら、そのレポートも大変で、毎年この実験でつまずきそうになる学生が出る。まとめ方の指導をした後も、ちゃんとしたレポートが出るかいつも不安にさせられるものである。ところが、ほとんどの学生はし

っかりした論文にまとめあげる。

学生には「地獄のレポート」として厭がられているらしいが、どっこい彼らは、そうした「地獄」を自分の飛躍のステップとしてちゃんと享受する志向を保っているのである。

そうした志向をつぶしてしまうのは簡単である。徹底して学生の顔色をみながら甘く優しく接するか、多くは、自由な雰囲気が学問を育てるという大義名分で）、逆に、課題詰めで一方的に指導するかすれば良いのである。

そこで指導者に要求されるのは、存在の全面受容、認知・行動の是々非々といった受容的態度であろう。それが単なるお人好しなのか、いわゆる教育的態度なのかは、時間が結論を出す。

これは、大学の教員に言えると同時に、子育てに一段落ついた成人の子どもを持つ多くの親についても言えることではないだろうか。

図 2-3　実験の授業について（「葦」より）

第 2 章 発展期（1993 年度から 1996 年度まで） 29

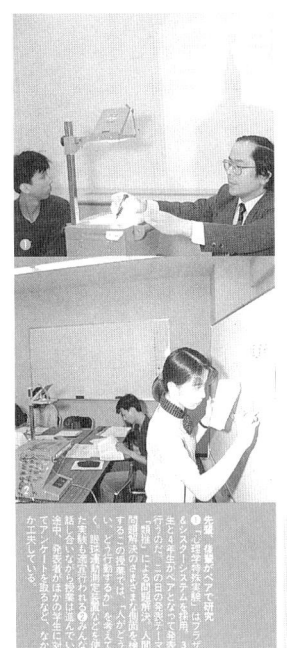

図 2-4 広報への協力（キャンパス Live94）

　もう一つは，受験雑誌からの取材依頼で，これは「アカデミックがいっぱい」というテーマで関西大学でのさまざまな学部の授業の一部を紹介したもので，文学部ではトシのゼミが紹介されることとなった。読者は大学受験を控える高校生で，インタビューに応じた学生に対しても○○先輩，という表現をしている。

　まだパワーポイントを使った授業など存在しないころで，いまでは懐かしい OHP を有効利用してゼミを進めている風景，ゼミ発表の風景，その発表者であった**まゆこ**へのインタビューが掲載された（図 2-4）。

　まゆこは**あいこ**と大の仲良しで，卒業後 6 年たったある日ひょっこり二人で研究室を訪問してくれた。奇しくもその時，同期で大学

図2-5 偶然の3ショット

院に進学していたたいすけが所用で研究室を訪れ，偶然の3ショットが実現した（図2-5）。

1995年度

そのまゆこやあいこ，たいすけが4回生の1995年度は北海道から関西大学にきたまきみがゼミ長をひきうけ，大きな所帯をみんなと協力しながら運営した。この学年は珍しく男子学生が10名いたせいか，そのうち4，5名は麻雀仲間をつくり（といっても，ゼミが始まる前の1，2回生のころからの仲間のようであった），トシが学生の頃のようなノスタルジックな雰囲気をかもしだしていた。マージャンということば自体数十年ぶりに聞くひびきであった。あきたかは当時まだめずらしいラクロス部に，じゅんこは文化会交響楽団（ティンパニー奏者），だいすけ(96)は文化会学園座，たいすけは文化会吟詩部と，多様なクラブ・サークルに所属する者が多かった。あいこの「説得力」の卒論実験では実験材料の作成に演劇部のだいすけ(96)の助けが大いに役立った。

ひろとしは法学部からの転学部生で，じつは法学部学生のころ，教養の心理学授業でトシの授業をとっていた。それに影響されてか

転学部を3年時より行い，心理学専修にきていた。このころから大学院進学希望者が増えてきて，**ひろとし，たいすけ，まさし**は文学研究科の大学院へと進学し，その後それぞれの部署で活躍している。**たいすけ**は東京の理系の大学の教員となっている。

この年，新3回生は17名で4回19名とあわせて，またまた36名の大所帯となった。この大きな所帯を，3回生の**しんじ・かずひろ(97)・たかしとふみこ・かおり(97)**らが中心となって盛り上げ，4回生をも圧倒するくらいのパワーをみせてくれた。**しんじ**は寮住まいの体育会卓球部の選手，**かずひろとたかし**はバトミントン同好会，**ふみことかおり**は別々のテニスサークルに所属していたが，チームワークは抜群であった。

1996年度

1996年度は転期であった。トシは関西大学への赴任後7年を優に超えていて，当時「若手」でもあったことから，手を挙げれば在外研究に行く候補者になることができた。心理学教室の事情も落ち着いていて，実は95年にも一度手を挙げたが，学内事情で計画がとん挫していた。96年度は捲土重来ということで，再び手を挙げることが認められ，5月の段階で正式に97年度在外研究員が認められた。

問題は，こうしてでき上がってきたゼミをどうするか，ということであった。「黎明期：着任初年次（1989年度）」に書いた通り，制度的には，在外研究に出かける教員がいれば教室としては全面的にサポートする，具体的には，出かけるときに4年時になるゼミ生は手分けして（あるいはひとりで）他の教員が引き受ける，ということになっていた。

トシのゼミで困るのは，そうすると，ブラザー＆シスター制度が崩壊する，ということであった。崩壊しないまでも，明らかに中断することになる。そのことを理解しながらも，しかし個人のキャリ

ア発達を考えた時，チャンスは是非活かしたい，という気持ちが強く，極力学生に迷惑をかけない形でそうすることを 1995 年度中に決意し，96 年度に 4 回になる，先に紹介した**しんじ**らにはそれとなく伝えていた（彼らは 4 回の間まるまる指導なので直接影響はない）。人事のことなので確定するまでははっきりしたことは言えず，ましてや 95 年度はまだ書類すら出していなく，奥歯にもののはさまったような言い方で「来年度は 1 年いないかもしれない」と伝えていた。

　これまでのトシのゼミの伝統を聞いている学生は，それとなくそういう情報を入手し，新 3 回の時はトシの指導だが 4 回生で別の先生に行くことになる，ということを勘案して初めから新 3 回生でのゼミ登録を避けることを期待していたが，逆に，ゼミ回り段階で 30 名を越える見学者がきて，最終的に 18 名の新 3 回生が所属することとなった（図 2-6）。

　こうして，96 年度は，新 4 回 17 名，新 3 回 18 名，総勢 35 名という大きな所帯で運営することとなった。しかも，新 3 回生は次年度（1997 年度）は確実に他のゼミに移ってもらう，という前提での運営である。

　ここでは 4 回生の**しんじ，ふみこ**とその友人たちのチームワークが絶大な力を発揮した。新 3 回も，**まさくにとりゅうた，じゅんとしんすけ**等いくつかのニットができあがっており，通常の授業，2 回のゼミ合宿を通してこれまでにない連帯感が感じられた。それは，大学祭でのゼミの出し物，と言う形で象徴的に表れることとなった。これまでゼミでの出店を，という声は何度かあがったが具体的な手続き（特に衛生面での検疫等）に躊躇してためらわれていたが，しんじたちはみごとにそれを完遂した。出し物は焼き芋焼きじゃがいもで，3，4 回生で協力し，道具から材料まですべて調達し，看板をつくり，最後には黒字に持っていく，という手腕を見せた。このこともあり，この年の，2 度目の合宿では，夏に決定した B ＆ S を中心に大いに盛り上がった。**ふみこ**には**りゅうた・りか・えみこ**が，

第2章 発展期（1993年度から1996年度まで）

ゼミの状況

今年は、以下に述べる事情で、新三回生は極力ゼミ参加を控えるよう説得に努力したのですが、結局一八名という多くの方が参加されることになりました。今回はゼミ生名簿を写真入りで作ったので、ご参考までに同封することで、個々人の紹介は省きます。

連休明けの五月十一日の土曜日、新谷（シンガイ）君をゼミ長とする新四回が、三回歓迎のゼミコンパを開いてくれました。三、四回ともほぼ全出席で、三十名を越える大所帯のコンパで、「フランシスベーコン」の二階フロア貸し切り状態でした。今年の四回生はまだゼミ決定のない時期にも花見（学内）コンパを開くなど、なかなかのパワー、ということから、四月の始めから、ちょっとずつその事を知らせながら（内定も決定もしてなかったのです が）他のゼミに回るよう、新三回には伝えてきました。初回は三十五名もの三回生が来て、内心困り果てていましたが、まあ、落ちつくところに落ちつくあいない、とたかをくくっていると言い回しで来ないように伝えて来ました《四回生にはそのことを既に伝えていたので、僕の言い方に苦笑していました……》。

先の教授会（五月二十二日）で正式に在外研究が決定しました。行き先はメインがアメリカで、カーネギーメロン大、メンフィス大、スタンフォード大を拠点に研究してきます。途中、短期にイギリス、フランス、ドイツの学校めぐり（教育とコンピュータの関係を視察）をすることにしています。家族全員で移住の予定です。

後記

今年は在外の決定、また、後期には別の変化もあるかもしれない、ということで、あわただしい年度になりそうです。ゼミに加わってくれた新三回生とは、一年しかおつきあいできない、ということで、一日一日を大事にしたいとも思っています。卒業生のご活躍が現役諸君の励みにもなっていますので、極力、大学にも足を運んでくださいね。6、7月は所用で、毎週土曜日にも研究室や学内にいることが多いのです。

また、みなさんの動向、最近考えていることなど、自由にご連絡ください。みなさんのご活躍とご連絡をお待ちしています。

研究状観

先に書いた「事情」というのは、来年度の在外研究が決定しそうだ、ということで、四回生になって他のゼミに回ってもらうのが心苦し

図2-6 ゼミだより10号（1996年6月5日発行）より

かおりにはまゆみ・なつきが，しんじにはゆり・よしとが，かずひろにはだいすけ・じゅんが，たかしにはゆうこ・たかこがそれぞれB＆Sでついた．

これも卒業後のことになるが，この時の新3回のじゅんとゆうこはその後結婚し，結婚式にも招かれた．なんとじゅんの父親はトシのグリークラブの先輩でもあった．

この年の3回生は次の1997年度は予定通り別の教員のところに分散して引き取られることとなった．基本的に学生の希望を受け入れていただいた諸先生には深く感謝するものである（その関係で98年度卒業生には卒論指導をしていないので，章末の卒論タイトルは割愛する）．

図 2-7　大学祭 '96　　　　　　図 2-8　ゼミ合宿 '96

ゼミ合宿

　関西大学には，日頃の教室での授業の延長・発展，教員や学生の懇親を図る場としての合宿施設がいくつか存在する。通常の授業は90分限りの関わりで，その後はばらばら，また授業があれば集う，という形のものであるが，合宿では，少なくとも1泊2日のスケジュールで，しっかり時間をとって授業・演習ができ，また，その後の懇親も，十分に時間をとって関わることができる。黎明期，発展期ころまでは深夜あるいは明け方まで語ることもあったが，さすがに年齢とともにそこまでの元気は消失するものである。

　トシのゼミでは年2回の合宿を行っている。1回目はだいたい7月の初旬から中旬で，主たる目的はB&Sの決定，および懇親である。B&Sの決定過程については先に記した通りである。3回生と4回生が全く同じ人数で，かつ，1人が1人に希望してついて収まったというケースは皆無で，希望を聞いたのちの調整となる。「あこがれの研究テーマ」「あこがれの先輩」「あこがれの生き方の先輩」いずれでも構わないが，少なくとも，自分が正統性を認めた先輩に

つくことになる。したがってこの調整はきわめて重要な作業である。最近はエクセルを使ってスクリーンに表示し，行に3回生，列に4回生の名前をのせ，行・列の最終に＝COUNTA関数で，セルに○印のついた数を書かせるようにしておき，指名数・被指名数を確認しながら変更をしていく。

　2回目の合宿は，後期（秋学期）の，B＆Sでの3，4回生協働でのゼミ発表の続きで，積み残し分を合宿で集中的に発表していく。4回生の卒論の経過報告で，執筆中あるいは直前の状態の卒論を，3回生が手伝いながら，協力して発表していく。4回生の，卒論執筆という中心的な活動を，調査票の配布や実験助手，データ入力の手伝いといった周辺的な活動で支えているのである。4回生には，3回生を「育てる」つもりで関わるよう伝えている。決して「先輩」として「後輩」をアゴで使うような態度をとってはならないと強く伝えている。

　合宿地は，六甲山，飛鳥，彦根，高槻と選択肢がある。夏は彦根か六甲，冬は飛鳥，というのが最近の定番であるが，3，4回生あわせて30名近くの人数のころは，飛鳥か高槻に候補が絞られていた。それでもこうした合宿施設を，1泊2日夕朝食つき，コンパ代込みで5000円程度で使えるのは大変幸福なことである。施設や設備は学びを育てるものである。

在外研究員・研修員

　大学によって名称や制度は若干異なるが，大学の教員には，「在外研究員」や「研修員」という形で，通常の授業を免除されて海外あるいは国内で自分の研究に専念する機会が与えられる。

　在外研究は，一定の期間関西大学で教鞭をとった者で希望する者に対して，全学の枠から文学部に割り振された数名が，1年あるいは半年の海外での研究の機会が与えられる。また，研修員は，全学あるいは学部の執行部的な役割を一定期間終えたものが，その間

の研究時間の恢復のためにとれる制度で, 半年, 授業および諸役割・会議の義務が免除される。

いずれも, 授業については免除されるが, 逆に研究専念義務が課せられ, 完全に半年あるいは1年休暇をとってリフレッシュ期間を過ごすというわけではない。後者をサバティカルと呼び, 関西大学ではまだその制度はできていない。

それでも, 日頃の授業や役職・会議等できわめて多忙な大学教員にとって, 研究時間がとりもどせるこの制度はこの上なくありがたいものであるが, 学生の立場からすれば必ずしも歓迎されるものではない。すなわち, その期間, 当該の教員の授業がないのである。在外研究の場合は, 国内にいないので, 半年あるいは1年, その先生が不在で, ある程度納得されるものであるが, 国内研修員の場合, 主な研修場所を「個人研究室」あるいは「関西大学図書館」等として届け出ている時など, 先生が大学にきているのに授業がない, ということで, 大変不思議がられる。

特に, ゼミや, 専門科目の授業など, 当然のこととして予定していた先生が, 学内にいるのに授業を持ってないのはどういうこと？となる。

トシは, 1997年4月から1998年3月いっぱいまでの1年間, 在外研究をとった。

図2-6のゼミだより10号での紹介の後, 正式な受け入れ先はアメリカ・ペンシルバニア州のピッツバーグにある, カーネギーメロン大学1箇所に変更した。ここの, ハーバード・サイモン（Simon, H. A.) 先生のところで1年間お世話になることとした。その2年前から, 当時はまだインターネットの整備されてないときであったが, 学内の先端の通信技術を駆使して, メールで連絡をとり, HTMLファイルを手作りして自分のホームページを立ち上げ, 関心や業績・研究計画などを紹介して受け入れ先の機関と連絡をとりあった。「トシのホームページ」として今日ある日本語のホームページ（http://www2.itc.kansai-u.ac.jp/~ttank/index.htm）は, まず英語版

ピッツバーグ便り(3)

05/09/97発行

心理学科

　カーネギーメロン大学の心理学は、認知心理学の領域では非常に重要な研究を次々に発表している、最先端の大学の1つです。もともと、カーネギー工科大学(CIT)と、メロン研究所という、比較的理系の学問、とりわけ、コンピュータ・情報処理・ロボティックスで知られたところですが、心理学でも、計量心理学の祖、サーストンのいたところで、古い伝統があります。
　殆どの人・施設はベイカーホールという建物(便り1、参照)にありますが、乳幼児の発達研究はマーガレット・モリソン・カーネギーホールにあります。
　ベイカーホールの3階は、長い廊下(左)の両脇にぶどうのように各研究室・教室がつながっています。むしろ、横に並んだ建物の真ん中あたりを1本の廊下でつないでいる、といった方がいいかもしれません。
　構造は非常に複雑で、坂あり階段ありの迷路のような小部屋(研究室)がたくさんあります。

僕の部屋(右)もその一角にあります。
　院生にはすべて研究室(オフィスとよびます)が与えられ、当然コンピュータはネットでつながれており、印刷・コピー室にポストスクリプトの立派なプリンターが2台おいてあって、すべての部屋からここに出力できます。
　院生・ポスドク(オーバードクター)の人たちも、教員と同じ場所にメールボックスがあり、研究や日常生活の交流の場(左) となっています。また、教員の最近の出版物を常時展示(右下) するコーナーもあります。

　院生は、ブラウン・バックという、他の人が昼食をとりながら自分の研究のプレゼンテーションをする機会が与えられ、これは、プレゼンテーション、教育活動の訓練になっているようです。満員の教室で、教員、院生仲間から非常に辛辣な質問・意見をあびながら、堂々と研究の紹介を進めていきます。
　院生は21名、それを上回る計24名の助手・ポスドクがいます。また、コンピュータ・サポート専属の人も常駐しています。ちなみに、助手をのぞく心理の専任スタッフは24名、そのうち女性が10名います。

図 2-9　ピッツバーグ便り3

コロキウム

ブラウンバッグとは別に、水曜日の4時から、不定期ですが、教員主催の研究会があります。CMUの教員が発表したり、他大学の人を招いたりして進めます。およそ1時間半くらい教室で発表・議論して、その後ロビーにもどって軽い飲食をしながら続けます。

先日のコロキウムでは、発表者(他大学)が、「ハノイの塔課題は問題解決課題として適切でない」と述べたところ、かなりエキサイトしてCMUの教員が応じていました。大脳生理学特に前頭葉の話が中心だったのですが、大変面白い現象です。

サイモン先生

サイモン先生 は、僕がマスターの院生のころから思考方向が同じだ、という意味で非常に身近に感じていた学者です。院生論集に最初の論文「問題解決過程としての思考」を発表したとき、その論拠は、ニューウエル先生と共著の、"Human Problem Solving"という分厚い本でした。これは1972年に出版され、僕がその論文を書いたのが1976年ですから、まだまだどこにも解説書の類のなかったころです。わくわくしながらひもといたことを覚えています。

Newell & Simonでノーベル賞をとった聞かされたのははるかに後でした。情報処理過程や意志決定に絡んでの、確か経済学賞だと思います。(ノーベル心理学賞というのはありません)いまや問題解決過程を情報処理過程との絡みで考えていくのはあたりまえのことですが、その端緒になった研究です。

ピッツバーグに到着してすぐ、諸手続きのため、CMUに行き、最後に心理の建物に入って、お世話になった秘書の方にお礼を述べているところに、奥の部屋からひょっこりサイモン先生が現れてきました。当方、アポもとってなかったし、まさか初日にお会いできるとは思っていませんでしたので、びっくりするやら、感動するやら。高齢にもかかわらず非常にお元気、柔和な笑顔で迎えていただきました。

次回、学内での1カ月の研究の様子をご紹介しますが、CMUでは、サイモン先生の業績にちなんで、ハーバード・サイモン・チェアが、特別の業績のあった人に与えられます。その人は、「教授」の前に「ハーバード・サイモン」という称号がつけられます。ちょうど3人目の栄に浴した哲学の教授の、記念シンポジウムに参加しましたので、次回、そのへんのことも紹介しましょう。

<u>ピッツバーグ便りのメニューにもどる</u>

図 2-10　ピッツバーグ便り 3　(続き)

が作られ，在外研究受け入れ先とのやりとりの際の資料提供の役割を終えたころ日本語版も作ったものである。

在外研究の期間は，自分が望んだ機関・研究者との密度の濃い研究時間が保証される期間で，トシは，ノーベル賞受賞（ノーベル経済学賞：1978年）者で，トシの研究の各論に最も近い研究者であるサイモン先生に1年間，2週間に一度マン・ツー・マンでの研究会が開けるという貴重な経験をした。その成果は，帰国後，さまざまな機会を通して学生・大学・学会等に還元した。

国内の，心理学教室の研究者や残してきた学生たちへの報告の場としてホームページ上に「ピッツバーグ便り」を開設し，逐一カーネギーメロン大での研究生活の報告も行った。図2-9，2-10 はその一部である（全容については（http://www2.itc.kansai-u.ac.jp/~ttank/pitts/jtcmu.htm）を参照されたい）。

1998年3月帰国後，すぐにその年の10月から，文学部の執行部に入ってくれないかと言うお誘いがあり，学生主任，という職種で河田悌一学部長をサポートする仕事を始めることとなり，その任期後，さらに半期，次の浜本隆志学部長と仕事をさせていただき，3年間の執行部の仕事を終えて，その年は研修員をとらせていただくこととした。従って，学生には2001年後期，再びゼミを中断する苦行を強いたことになる。

さらに21世紀にはいって事情は展開し，2004年から2年間，今度は芝井敬司学部長の時副学部長（当時の職名は学部長補佐）のお誘いがありその職務を2年こなし，その後，学内での心理学研究科の創設に関わり，2008年より心理学研究科長の仕事をした。その仕事を終えて，2011年4月より二度目の研修員を適用していただくこととなった。従って，2011年度の前期は再びゼミを空けることとなった。

学生にとっては迷惑以外の何物でもないが，こうした在外研究・研修員等の制度で，大学の教員は，研究・教育への熱意やその業績がリフレッシュされることを学生にも理解していただきたいもので

ある。その間の成果は，陰に陽に学生に還元されることになっている。また，制度として研究専念義務という形で，その間の学生や教員集団への中途半端な関わりを禁じている，と言う点も是非理解していただきたいものである。あとで述べる，2011年度のゼミは，そうした非常に特殊な形で始まった。

ゼミ活動の足跡（発展期）

たけし(94)	集団への所属意識―大学生のクラブ集団における所属意識の違い―
さとみ(94)	課題解決における同時処理と継続処理
よしたか	対人間における妥協の諸要因と満足度
あきこ	広告のレイアウトが購買行動に及ぼす影響―視覚的探索活動を手がかりにして―
まり	プレッシャーが運動技能に及ぼす影響
ひかり	親密度が説得態度に及ぼす効果
かおり(95)	対人関係の中で表情はどんな役割を果たしているのか？
みゆき(95)	快適空間を生み出す要因と性格
いっしん	プレッシャー形成の諸要因とその処理方法
せいじ	情報源の違いが人の態度形成に及ぼす影響とその関係
たけし(95)	潜在能力を引き出す要因と妨げる要因～思考の過程と問題解決を通して～
まどか	曖昧図版の認知に及ぼすヒントの効果～眼球運動を手がかりとして～
じゅんいち	見栄と自己開示の矛盾に対しての解決法
こうじ(95)	自意識が対人不安に及ぼす影響とその克服法
さとし	失われた自分らしさを求めて―対人関係における真の自己とは―
あきたか	現代大学生の人との付き合い方―親和行動を規定する要因―
あいこ	自己開示に及ぼす個人の諸特性
まゆこ	説得の力―態度変容に及ぼす説得力コミュニケーションの要因―
じゅんこ	構えない友人関係
だいすけ(96)	いかさまの心理
まきみ	文化様式が意志決定に及ぼす効果

たいすけ	付帯属性の有無による傲慢さ及び自信の変化
まさし	マスメディアによって構成された仮想現実による思考への影響
ひろとし	信頼感形成に影響を及ぼす要因〜人間性哲学と日常行動からの考察〜
ふみこ	主観的自己像と客観的自己像のズレの受容とその処理
かおり(97)	ないものねだりの心理
しんじ	対人コミュニケーションにおける効果的なうなづき
かずひろ(97)	自我関与度と性格特性が態度変容に及ぼす効果
たかし	援助行動の「利他的側面」と「利己的側面」―「献血」の動機に関する一考察―

Chapter 03
再構築期(1998 年度から 2003 年度まで)

1998 年度

　1997 年度の在外研究を終えて帰国した 1998 年 4 月より，新たなゼミがスタートした。

　トシにとっては赴任の 3 年目・1991 年度と同様に，新たに新 4 回生と新 3 回生を同時に迎えることとなった。すなわち，出かける前年度 1996 年度に 4 回生であった者は 97 年 3 月の卒業式で無事卒業させ，96 年度 3 回生であった者は，97 年 4 月より，予定通り他の教員に預かっていただくこととなった。トシが帰国する 1998 年の 3 月にはそれぞれのゼミからきっちり卒業させていただいていた。したがって，98 年 4 月からは全く新規の 4 回生，3 回生であった。

　4 回生は 91 年度同様，前年度別のゼミで育った学生で，トシの帰国する 98 年度からの移籍を希望した者であった。在外研究員の間 3 回生として「預かって」いただいた教員のところからの者もいて，4 月最初に久々に研究室に行って驚いたことがある。

　ドアの間に小さな封筒入りのメモがあった。**みか**(99)，**ともこ**(99)，**ゆうこ**(99) 3 名連記の「嘆願書」であった。そこには，私たちは強くトシのゼミ所属を望んでいるので必ず入れて欲しい，という趣旨のことが簡単に書かれてあった。3 回の時の指導教員にも強くお願いしているのでそうしてほしい，ということであった。

　これには驚くと同時に，感激するものがあった。教員の勝手な希望で 1 年留守にしている間に，帰りを待っていてくれた者がいた，ということなのだ。4 月の 2 回のゼミ回りの期間を経て，結局この年は，新 4 回生 20 名，新 3 回生 14 名がゼミ登録をすることとなっ

た。新4回生のうち，3名は留学等諸事情で1年ずらして4回生になった者であったが，この3名は他の17名と全く同様に同じ時間での参加となった。

あいは，入学のときAO入試で面接をした関係で見覚えがあったが，他はすべて2回生のとき半期の講義科目を担当した程度で，うまく進めることができるか非常に不安であったが，**ともこ(99)・みか(99)・ゆうこ(99)**のトリオが8名の男子学生もうまくコントロールしてきわめて立派な上回生，を演じてくれた。たぶん事情をしらない新3回生からすれば，「田中ゼミの4回生」とすんなり受け入れたものだと思われる。

夏合宿は，4回生にとって初めての経験であり，すべて先生がお膳立てするもの，と思っていたせいか，こちらとしては当然のこととして男子学生を中心にコンパの席は準備しているものと思って指定の時間に会場に出向いたが，みんな三々五々トランプしたり寝そべってだべっていたりで全く会場設置の気配なし。これには驚いて注意をしたが，考えてみれば前年度，3回の時の経験がないので，あたりまえのことであったのであろう。経験があれば，春学期の合宿の4回生の役割は理解できていたはずであった。ここで，在外研究で1年あけながら例年通りの動きを期待してしまった自分の浅はかさを強く反省したトシであった。

ところが，冬の合宿では全く逆の驚きがあった。例年，冬の合宿は，秋学期の，B＆Sでの卒論の研究の進捗状況の，通常の授業での積み残し分を報告する会である。この年も数組のB＆Sで報告を行った。

その後，みんなで夕食を終え，20時過ぎからのコンパの前の休憩時間に，突然**ゆうこ(99)**がやってきて，先の報告会の時間でのトシからの質問に食い下がってきた。卒論研究で，相関係数の値をもとに因果関係について言及したことに対し，相関係数は因果関係を語らない，というトシの指摘に対して納得いかないので説明して欲しい，ということであった。

その真剣な姿勢に感動し，きちんと解説を始めた。しばらくして，納得した様子で引き上げ，引き上げ際に「すぐあとに会場にきてください」と言い残し去って行った。

しばらくたってコンパ会場に向かうが，指定の時間を越えているのに部屋からあかりがもれず，まったく人の気配がない。おいおい，これじゃあゼミが成り立たないぞ，と，前期の合宿を思い出しながら苦言を言おうとしたところ，パッとドア（ふすまだが）があいて，照明・いきなりのハッピーバースデイのコーラスおよび，ケーキ入場。合宿日が12月7日，トシの誕生日であったのだ。

これには全く驚いた。在外前の代から冬合宿ではそういえば誕生会を兼ねてしてくれていたが，在外のブランクがあり，そんなことは全く忘れていたので，これには大いに感動した。実はゆうこ(99)の相関係数の質問はともこ(99)・みか(99)他けいすけ(99)・ひでゆきらの画策で，時間前にトシを会場に来させないための演技であったのだ。これにはまったく驚くと同時に，ゆうこ(99)の演技，ともこ(99)・みか(99)らの作戦に舌を巻いたものである。

ゼミ長のともこ(99)はその後主席に次ぐ成績で文学部を卒業し，社会人を経験しながら大学院外国語教育学研究科に入学し，日本語教師になるべく研さんを積み，その目的を果たした。さらに数年後，言語教育を心理学的に研究したいということで新設した心理学研究科の博士課程後期課程に入学し，第二言語でのコミュニケーション時の「共生的配慮」の概念を含む研究でトシの許で課程博士（心理学）を取得した。現在も日本語教育に携わりながら母校関西大学の講師も務めている。みか(99)はご主人の仕事の関係で中国・広東州で生活，ゆうこ(99)は全く偶然にも，たいすけ(96)の奥さんと友人で，たいすけ(96)の結婚披露宴にでかけて新婦側の席で再会してびっくりした。この年の4回生は，93年卒の学生たちと同様，卒業の別れを惜しんで卒業前にもう一度，同回のみで高槻での合宿を行った。

3回生のみか(00)，えいじら14名は，ブラザー＆シスターを上

第 3 章　再構築期（1998 年度から 2003 年度まで）

図 3-1　卒業予定者での惜別高槻合宿

回生と組んだものの，ともこ(99)ら 4 回生は先輩からの指導を受けたことのない上回生であったために，若干のとまどいがあったようである。また，4 回生にも，B＆Sのシステムの意味がよくわからず，「便利な助手」をゲットした，という感覚で動く者もいて（特に男子学生），トシからなんどか注意を受けた者もあった。こうして，1 年ブランクをあけてしまったことの「ツケ」を強く感じた年でもあった。

1999 年度

1999 年度は，しっかり 3 回生を経験したみか(00)・えいじをはじめとするなお，ちあき(00)，あゆみ，まきこら 4 回生が，熱心に卒論に取り組んだ世代で，トシの研究室にあった心理尺度の本をぼろぼろにするまで使い，卒業時には記念として 1 冊，同じものを購入してくれ，おのおのメッセージを入れて研究室で預かり，いまでも後輩のみんなが参照している。みか(00)とまきこの強力なリーダーシップで卒業後も同期で何度かミニ・プチ同窓会を開いている。この年度から完全にB＆Sシステムが復活した，と言える。

2000 年度

あくる2000年度は，女子のみ14名の4回生であった。この年度は沖縄から関西大学に来ていたしょうこ(01)がリーダーシップをとり，さやかやじゅりらみんなでサポートしていた。

この年，新3回はりえ，あやこ(02)ら6名で，3，4回含め唯一の男子・ゆうすけ(02)が，みんなにいじられながらうまく運営を助けてくれた。2001年1月のゼミの最後の茶話会のとき，あやこ

図3-2　初めての女子のみのゼミ生（前期打ち上げもおしゃれなところで）

[専門] 心理学演習
文学部教育学科心理学専修

教育現場から心理学を実践的に学ぶ

●なぜ授業がわからないのか

文学部で学ぶ心理学は，知覚・思考・言語・認知など，実験的な手法を使った心理学を基盤として，発達・臨床・教育などの実際的な場面への応用をめざしている。学科名からはイメージしにくいが，文学部の心理学演習には，すでに30年を超える伝統がある。

田中俊也先生のゼミでは，不登校やいじめなど，教育現場で起こっているさまざまな問題に，心理学的な立場からアプローチする。例えば，「授業がわからない」と訴える生徒がいた場合，その生徒の能力を問うのではなく，伝達の仕方に問題がある，つまり，授業の在り方に問題があると考える。こうした「教え」や「学び」の心理学も扱う。

●卒論を学びのモデルに

「知識とは，すでに出来上がっているものを吸収するのではなく，自分で構築していくものである」というスタンスから，卒業論文を学びのモデルとして位置付ける。卒論をまとめる作業そのものを実践的な「問題解決」の手法としているのだ。

ユニークなのは，3・4年次生の共同作業で，研究発表（卒論）に取り組むことだ。実際にペアを組んで，実験，調査，観察を進める。「学びは，本来，楽しいもの」という持論で授業を展開する，田中先生ならではの知的で刺激にあふれた演習だ。

▲ペアを組んで行われる心理学演習。

図3-3　ゼミの紹介（進研プレス2000　受験オリエンテーション号p.233）

(01)が感動的な話をしてくれた。

あやこ(01)は体育会ボート部員であったが,レガッタではコックスという舵をとる役を主に担っていた。ボートを漕ぐ者にとっては後ろ向きにボートが進み,前進する先をみているのは唯一コックスのあやこだけであった。ある日たそがれ時の練習で,川面に沈む太陽がかかり,みごとな風景であったが,見えるのは自分だけ,みんなは必死にエネルギーを発揮して漕いでいる。あの明るい太陽のある未来にみんなを導くのは自分の役割だ,と強く感じて涙がでた,という話である。ゼミでもうまく仲間・3回を導けたかどうか,という懸念の表現でもあった。あやこ(01)はその後他大学の大学院に進み臨床心理士となって活躍している。同期のるみも某国立大の大学院に,ちえこは関西大学の大学院に進んだ。るみはクリティカル・シンキングのエキスパートとして現在大学の教員をしている。

2001 年度

2001年度,いよいよ21世紀が始まって最初の4回はゆうすけ(02)・ゆうこ(02)・りえ・くみこ・なな・あやこ(02)に加え,3名が加わり9名であった。前年度(図3-3)に次いでこの年にも広報関係の出演依頼があり,くみこが立派に役割をはたしてくれた。図3-4の本文中に書いているくみこの教育実習の実習巡回でトシが行くことになり,天王寺駅の近くの高校に車ででかけた。その途中,凄惨な「池田小学校乱入殺傷事件」が発生し,その報道に接して突然目の前が曇り,あわてて路肩に停車し,しばらく動けなくなった。もっとも安全な「学校」という場に外部の人間が乱入し子どもたちの命を奪う,という全く想像もできなかった事件で,被害者の方・ご家族には心から哀悼の意を表するものである。この時の4回生同期のなな はひかり(94)に次いでチア・リーダー部の所属であった。

この年度,3回生は8名。前年度同様男子学生はじゅんのみ。6名(4回から参加の3名は別途授業)と8名の計14名という,こ

図3-4 ゼミ生，卒論について語る（高2チャレンジ 2002.01号）

自尊心の働きを考える

キーワード

文学部 教育学科 心理学専攻 4年次生
田中ゼミ　佐藤 久美子さん

「私の問題」＝卒論テーマ

ゼミの田中先生は、「自分が一番気になる問題を見つけ、1年間かけて解決していくのが卒論。だから、テーマは自分で自由に考えなさい」とおっしゃいます。

そこで、私は「自尊感情が困難状況の処理に及ぼす影響」というテーマを設定しました。プライドを持つことや傷つけられることは、対人関係などにどんな影響を与えるかを調べています。

調査の質問紙は約300枚、調査回答数が多い方が良いとの信用度を高めるためには、生が「卒論、がんばって」と励ましてくれたのはうれしかったですね。

きっかけは教育実習

教育実習で高校の教壇に立ったとき、勉強面で引け目を感じる生徒が周囲となじめない様子に気付きました。その時、自分は価値ある人間だ、という自尊心が傷つけられると、対人関係にも影響が出てくるのかな？と感じたのがテーマ誕生のきっかけです。

あらかじめ作成した質問紙を学生に配り、結果をパソコンでデータ分析します。配布先

サークル活動を通して

現在、自閉症の子どもたちやその家族とかかわるサークルに入っています。交流プログラムを作り、一緒に遊ぶなどの活動を行い、子どもたちが他者とコミュニケーションがとれるように、お手伝いをしています。そんな時、本当に接していると、子どもの口から、うれしそうな声が出てくる。大学卒業後は大学院に進学し、将来は臨床心理士として、心のトラブルを解決するサポートができたら、と思っています。

れまでにない小規模のゼミとなった。そのおかげで，初めて，彦根荘という琵琶湖沿岸にある比較的小規模合宿施設での合宿が可能となり，夜は花火を楽しむことができた（現在は全ての施設で花火厳禁である）。

2002・2003年度

2002年度は，2001年度後期に研修員をとった（それまで3年間学部執行部の仕事をした，研究時間恢復措置）せいもあってか，ますます学生（1，2回生）と接する機会がなくなり，**じゅんやあすか，めぐみ**(03)ら前年度からの4回生8名に加え，**ちひろ**(04)・**まさよ**ら新3回4名のゼミ参加者となった。男女2名ずつで，これまで経験したことのない小規模ゼミを開くことができたが，B＆S

> **先生からの視点**
>
> 自分の学びたいことに
> 気付いて成長してほしい。
>
> **文学部教授
> 田中 俊也先生（教育学科）**
>
> うちのゼミの基本テーマは、「教えること、学ぶこと」への心理学からのアプローチ。学生には、まず心理学の基本的な考え方を学んでもらい、ゼミ生の間でさまざまな心理学的研究に応用できるような、共通の知識を共有できるようにしています。最近の学生は、自分に興味があることしか学ばないといわれますが、基本をしっかりと身に付けたうえで、何を学びたいのかを主張するのは良いこと。「私はこれに興味がある」と気づくことも一つの人格的成長です。

図 3-5　ゼミ生，卒論について語る

での運営という意味ではある種のピンチを迎えることとなった。しかしながら，次年度 2003 年度は，これまた在外研究に出かける教員のゼミ生 5 名を 4 回生で引き受けたため，卒論指導は 9 名となり，その年に参加した新 3 回生も 8 名であったため，運営復活の兆しを感じたものであった。ただし，卒論から引き受けた 4 回生は B＆S の適用をせず，卒論のみを指導することに徹することとした。

理論実践の場としてのゼミ

　正統的周辺参加という考え方がある。

　何かを学ぶということは，その学びが中心的な活動をなす社会・文化的集団への参加をすることである。参加は，「テスト」のような一時的な公的な選別機能を介して認めるのではなく，本人が周辺

的な活動への参加を通して自然に中心へと誘われていくものである。正統性を認めたものに周辺的に参加することから学びが始まる。

　一方，何かを学習する場合には，他者からその学習の正統性を押しつけられ，「やがて」役に立つと教えられた知識の塊をせっせと記憶し「テスト」「試験」場面で好成績をとることでその先の社会・文化的実践にいきなり参加できることが期待・約束される。私はこれを，疑似正統的中心参加，と名付けている。入ろうとする集団の正統性が，他者からある種押しつけられたものであるという意味で疑似正統性，公的選別機能（「試験」）を突破すればいきなりその社会の中心的存在，という意味で中心参加，というわけである。

　学びは，正しいものへの接近の自覚が中心にあり，昨日とは違う今日の私を常に確認するという意味で，ワクワク・ドキドキするものである。一方，学習は，何かよく分からないものに突き動かされた，どこかで自己疎外感を感じながら続ける活動である。

　ゼミは学びの典型である。学びの意義とその実践を学ぶ場，と言い換えてもよかろう。私のゼミではこれを，次のような実践を通して体得してもらっている。

　一つは，「ブラザー＆シスター」システムである。これは，4回生と3回生がペアを組み，一年間ともに学び合っていくシステムである。夏休み前に4回生が卒論の中間発表をし，それを聞いた3回生がつきたい4回生を指名しペアをつくる。4回生からの逆指名はない。これを飛鳥でのゼミ合宿で行うので，決定後のコンパは深夜まで続く。

　もう一つは，4回生の卒論のテーマの選択である。私自身の専門領域は思考・問題解決といった認知心理学の領域であるが，卒論ゼミ（つまり，ゼミの4回生）は，個人研究室にみんな集まり，他の人の発表に対して全く自由に意見しながら，自分が納得するまでテーマを吟味する。その結果が社会心理や臨床の領域であっても，「問題解決としての卒論作成」という意味で可とする。こうして探求・研究の正統性を強く自覚してもらい，学びの共同体を自覚して

もらう。

　こうした二つの特徴から，ゼミの独特の雰囲気ができあがってくる。外からは「仲良し」とか「楽しそう」と言われるが，企画者としては冒頭の理論を実践しているつもりなのである。

　すなわち，文化的実践者としての4回生が，正統性を認めた自分の卒論テーマに直剣に取り組んでいる。中心的活動である。それは，その本人と指導者である私しか知らないものではなく中心的活動をしているみんなで共有している。実験・調査では自然に助け合って行動する。そうすることがあたりまえになってくる文化がある。

　その回りに，新参者としての3回生が入ってきて，4回生といっしょに仕事をする（ゼミ発表もする）なかで，周辺的な実践を学んでいく。3回生も自分の選んだお兄さん・お姉さんであるから，その活動には正統性を認める。

　やがて4回生が卒業し，3回生は古参者として，中心的活動を担う者となる。世代交替である。

　一年間は必ず重なった年を共有するので，異なる学年の交流も自然にできてくる。私が在外研究に出かける年（97年）の2月に「大同窓会」と称する壮行会を催してくれ，7世代の卒業生が集まってくれた。私のゼミ運営は間違ってなかった，と強く実感できた。

　4回生が田中ゼミ文化の中心的実践者であるが，同時に，私自身も常にその研究活動が正統性をもったものであることを要求される。正統的周辺参加の実践では自分をごまかせない。

ゼミ活動の足跡（再構築期）

みか(99)	個々のフラストレーションの処理がストレスに及ぼす影響
ともこ(99)	第一印象の正確性に及ぼす要因
ひでゆき	印象形成に及ぼす自己の諸特性の影響
あい	人間性哲学と現在の親子関係からみる将来の養育態度
けいすけ(99)	劣等感を抑える上手な自己開示とその性格
ゆうこ(99)	自我同一性とソーシャル・サポート
なお	情報操作が物の見え方に及ぼす影響
ちあき(00)	創造性傾向
あゆみ	ファンの心理―自尊感情・独自性欲求・自意識―
まきこ	ウソつきな記憶
みか(00)	第一印象を形成する要因
えいじ	速読と遅読
えりこ	アイデンティティ形成に関わる認知的基礎―"私"と他者の関係性と，その関わり方についての量的・質的検討―
ちえこ	計算と状況の認知
しょうこ(01)	見せる私―変えた私
あやこ(01)	ストレスの原因は自分自身？　それとも環境？
るみ	説得に及ぼす送り手の調子と受け手の性格の効果
じゅり	受ける印象・与える印象―服装・髪型の変化に伴って―
さやか	アイコンタクトの役割―快適な目線とは―
ゆうこ(02)	食物の嗜好を決める要因
りえ	懐かしさの心理学―私たちの生活に潜む懐かしさとは―
くみこ	自尊感情が困難状況の処理に及ぼす影響
なな	態度の柔軟性と社会的適応能力の関係
あやこ(02)	意味を求める人間は現代の社会に適応しにくいか
ゆうすけ(02)	自己の性格が決断力に及ぼす影響
めぐみ(03)	第一印象における目と情報語の影響力について
あすか	創造性～思考スタイルの観点から～
じゅん	感情と記憶の関係
ちひろ(04)	多角的創造性
まさよ	なごみの心理学―癒しの時代のなごみとは―

Chapter 04
充実期(2004 年度から 2007 年度まで)

2004 年度

　在外研究からの帰国後は，いろいろな意味で戸惑いが生じた。その一番大きなことがらは，学部の執行部に入ることによって，自分の研究や教育だけのことではなく，学部あるいは全学的な視点に立った動き方をする必要性を強く感じた点である。

　通常の授業に加え，毎週月曜日の午後はすべて執行部の会議に割かれる。また第2・第4週の水曜日は教授会でありその週の月曜日は特に入念な打ち合わせ会が行われる。それらに伴う諸「作業」も授業の合間に行う必要があり，多くの授業の持ちコマと合わせて，ルーチンワークに明け暮れる日が続く。

　そうしたなかで，ゼミと卒論の担当は，唯一自己の研究の各論と絡める仕事のできる場であり，同時にそれが学生たちを育てる行為にもつながっていて，学生たちには常々，研究は楽しいものであることを伝えてきた。そうはいいながら，

図 4-1　合宿での実験実演

理系のゼミのようにこちらで決めたテーマのいくつかから選択させるのではなく、全くゼロからスタートして学生の納得できるテーマ、心理学として成り立ちうる方法論やパラダイムを使っての指導で、指導者側からすれば決して楽しいだけのものではない。

そんな中で2004年度のゼミが始まった。学部執行部の仕事との共存で30名を越えるような学生をみることはとても無理なのでハラハラしたが、4回生は前年からの**さとみ(05)**、**ともこ(05)**ら6名に加え2名が新たに加わった。そのうちの一人の**まさき(05)**は、卒論を実験で書きたい、ということで他ゼミから移動してきた。条件を統制して音楽のBGMとしての効果を検討した。この年の3回生は17名のゼミ生となり、そのなかの一人、**のりふみ**は4回の**まさき**にB＆Sについて、実験手法を学んだようであり、卒論では錯視の現象を眼球運動の測定を通して研究した。**のりふみ**が4回の時にB＆Sでついた**こうじ(07)**は、ロボットの動きに対してどのような「こころ」を察知するのか、ということについての実験的研究を行い、そのまま大学院に進んでその研究を継続した。こうして、研究テーマこそ別々でありながら、周到な実験計画を立てて卒論を進めていく、というスタイルが、B＆Sを介して3世代継承されてきたことがわかる。

このころから、卒論を発展させてさらに大学院で学びたいという者も増えてきて、**ちひろ(06)**から**あずさ(07)**へ、**やすたか(06)**から**こうじ(07)**へ、**こうじ(07)**から**よしのり(ヨシ)**へ、という学びの継続への志向性というスタンスもB＆Sのなかで継承されている。学びのリエゾンがみえてくる。

このころ、トシはちょうど文学部の執行部に入って仕事している時でもあり、さまざまな意味でのバランスに配慮して、オリンピック選手であるトップアスリート・**さちこ**をトシのゼミに受け入れることになった。こうした国際的な活躍をする学生に対してはさまざまな配慮をすることが申し合わせにあったので、別枠で、主にメールでの指導を行った。試合の前後ではメンタル面で動揺をさせない

図 4-2　口頭試問後のさちこ（中央）

よう極力コンタクトを避け，比較的安定した時に集中的に指導する，という形をとった。それでも海外遠征・トレーニングが続く中，帰国にあわせて一度ゼミでの発表も行ってもらっている。**さちこ**は「水泳とコーチと私」というタイトルの優れた卒論を提出した。副題― Keep Smile ―が彼女の「哲学」を雄弁に物語っている。卒論の口頭試問には**ちひろ**(06)，**まい**，に加え，後輩の**ちかこ**，**あずさ**も試問の現場に立ち会った。

2005 年度

2005 年度は 17 名の 4 回生に加え，新たな 3 回生 8 名を迎えて活気が復活したゼミとなった。ただ，3，4 回の人数のアンバランスから，1 人の 3 回生が 2 人あるいは 3 人の 4 回生につく，という，少し下回生にとっては負担が大きくなる年度であった。4 回生の**はやた**は，ずっと以前の**よしと**(93) のいとこで，こうした，血縁者が同じゼミに所属するという新たな局面を迎えることにもなった。今後はいつ，ゼミ卒生のお子さんが同じくトシのゼミに入ってくれるか，が楽しみである。

2006 年度

続く 2006 年度は，ちょうど前年度の逆で，新 3 回が 13 名であったので 1 人の 4 回生に 2 人あるいは 3 人がつくこととなった。4 回生では**なつき**や**よしみ**が中心的にゼミを引っ張って行った。このとき 3 回生であった**よしのり（ヨシ）**は，**こうじ**や**ともひさ**の実験的卒論研究に B&S として触れながら，一方で，この，トシのゼミ運営そのものにも強い関心を持っていたようであり，このことが本書の共著にも結びついている。

2007 年度

2007 年度は**なつみ**(08) と**しげき**を中心とした盤石の 4 回生の体制で，特にゼミ長**なつみ**の計らいで，ゼミのあと，その日前後誕生日の近い者がいればその都度バースデーパーティを開いていたようである。トシはこの年，ゼミの後の時間に別の授業のコマを入れていたため参加はできなかったが，毎回，どのようにしてそうした材料を調達していたのか，いまだに不明である。

まなみは，彼女らが入学した年の初年次教育「知のナヴィゲータ」のトシのクラスの受講生であり，その関係から 3 回生でのゼミ決定の時トシのゼミを選んだそうである。こうしたケースは以後もいくつか存在する。

よしのり（ヨシ）は，学びが構成されていく姿を LPP の理論および，トシの「学びの軌跡」についての紹介（田中，2004）に関心を持ち，学びのトラジェクトリーとして，高校までの部活等への関わりについての回顧的データおよび，自分が所属しているゼミでの調査をもとに卒論をまとめた。これはその年の心理学専修からの最優秀卒論に選ばれ，2008 年 4 月新設になった心理学研究科に第一期生として進学した。進学後は，自分が学んできたゼミを研究のフィールドとしてさらに詳細な研究（山田，2012）を進め，博士課程後

期課程修了時には学位論文を提出し博士（心理学）の学位を取得した。

初年次教育

　第Ⅱ部の6章（p.95）で，「学習から学びへ」を紹介した。我が国での多くの高校までの教育では，教授者側が責任を持って児童・生徒に学習のスタンスをとることを要求し，大学にはいって急にこんどは，それではだめだ，自ら学ぶ姿勢を持ちなさい，と，全く逆のスタンスを要求する。

　大学に入学したばかりの学生の多くはそれに戸惑い，右往左往することになる。そこで，大学としても，そうした移行（トランジション）をスムーズに進めさせるために，大学1年時生に対しての移行教育をカリキュラム化することになった。これが初年次の大学生に対する教育，初年次教育である。関西大学文学部でも2004年度からそのカリキュラムが始まり，2007年にはトシもスーパーバイザーを務めたテキスト「知のナヴィゲーター」（くろしお出版）を発刊した。

　その前年，2006年8月に，アメリカ・サウスカロライナ大学（University of South Carolina：以下USCとする）に調査旅行をする機会を持つことができた。初年次教育の分野できわめて重要な仕事を継続的に行っている，National Resource Center for the First-Year Experience and Students in Transition（以下，FYE-USCとする）を中心に聞き取り調査等を行った。以下はトシが出かけたそこでの研究の報告を中心に，わが国における初年次教育の展望を探る資料とする。

　FYE-USCは大変ホスピタリティの高い組織で，外部からの訪問者に対して，当日，そのスケジュールが手渡され，しっかりとしたエスコートもついて，研究目的を十分に満足させてくれる体制が整っている。朝一番からのスケジュールがきっちりと組み込まれ，対

応していただいた人は皆，きわめて親切・丁寧であった。

ちょうど，以下に紹介するUniversity 101が発行するテキスト（Transition 2006-2007）が刷り上ったときで，幸いなことに納品の山の中からその1冊をいただくことができた。ここでは，インタビューでの聞き取り調査からのまとめを中心に述べていきたい。

図4-3　Maxcy Monument

大学，研究センターの概要

USCは，全米でも有数の歴史を誇る総合大学である。1801年創設であるから，アメリカの歴史そのものと歩んできていることになる。

全米に8つのキャンパスを持ち，あわせて40000人近くの学生・院生を持つ。その中でも中心は，東海岸・サウスカロライナ州のほぼ中央に位置するコロンビアの街中にある。このメインキャンパスだけでも27000人の学生を抱える，大きな大学である。

キャンパス内には歴史を示す建物・記念碑があり，観光の名所の一つにもなっている。

この大学のもう一つの優れたところは，大学の初年次教育に渾身の力を注いでいることで，FYE-USCという，初年次教育に特化した研究センターを持っている。このセンターが，となりの建物にあるUniversity 101と連携して，初年次教育の理論的研究と実践をまかなっている。

組織的にみれば，University101（大学入学者（転・編入者も含む）に対する導入教育をする部局）の中の研究・外部機関との連携を図る仕事を担っている。主な任務として，学会・研究会，セミナー，ワークショップ等の主催，研究，出版等があげられる。在外研

第 4 章　充実期（2004 年度から 2007 年度まで）　59

究者もここが受け入れ，研究室もあてがわれる。トシが出かけたときはちょうどモロッコからの研究者が滞在していた。

　University101 は，いわば教務部門で，フレッシュメンを対象とした 101 プログラムのみならず，歴史や倫理学，物理学等あらゆる学問領域の本質的に重要な点や研究の方法論を学ぶ 201 プログラム，寄宿舎で生活する学生のための 290 プログラム，就職や大学院進学をめざす学生に対する 401 プログラム等を提供している。

　従って，以下，FYE-USC としたときは，University101 も含むものとする。

図 4-4　University101

インタビュー・データ

　以下，2 名のインタビュー内容について，特に重要な部分のみ抜粋して紹介する。（　　）内は当方のコメントあるいは説明である。

図 4-5　Dinner

① Barbara の話（Barbara Tobolowsky；当時 FYE-USC の副所長）

（Barbara は FYE-USC を取り仕切る実質上の責任者。訪問前からメールでその目的や意向を連絡していたが，正規のアポの前日，Dinner のお誘いがあり，庁舎のそばの素敵なレストランで，Barbara と同僚の Tracy およびご主人，モロッコからの在外研究員と，メキシコからの当方と同様の調査研究にきていた研究者 2 名，計 7 名での会食となった。

写真はその時のものであるが，以下の内容は，あくる日，FYE のオフィスにて聞き取りをしたものである。）

初年次教育

University101 は，どのような学部の教員であっても同じように教えるべきである認知的思考力やスタディ・スキル，論文の書き方など共通のことがらを教えるプログラムを提供する。その資源は学術的な各種研究領域のなかに当然存在するが，同時に実は大学のキャンパス内にも存在するのだ，ということを分からせる。こういう発想はかつてはなかった（すなわち，キャンパスそのものがアカデミック・リソースであるという発想はなく，それは権威ある教授の頭の中にあり，それを学生は素直に受け留める，という「伝達」の学習観が主流を占めていた。その「権威」がぐらつくと学生は反乱（turmoil）を起す）。

アメリカでは 1960 年代から 70 年代にかけて，ベトナム戦争を契機とした学園紛争の嵐が吹いた。学生は体制に抗議し研究所の所長を部屋に閉じ込めるような事態にまでなった

図 4-6 Barbara Tobolowsky

(わが国においても同様の事情があり，現在団塊の世代と呼ばれる者はたいていその時代に学生生活を過ごしている)。

ロックアウトを解除され出てきた所長は，自分たちの大学の学生ときちんとしたいい関係を創るべきだと考え，今の101のようなコースを考え出した。初期のリーダーである John Gardner の功績が大きい。同志を100名以上も集め，多くの教員がこのコースに関心を持った。

次にこれは単に実践だけではなく，きちんとした裏づけをもった研究も含めるべきであるということになり，こうした大学初年次を対象とした教育に関する研究センターである FYE-USC が動き出した。年2回の紀要の発行，という，現在も引き継いでいるスタイルでスタートした。ここでは，そうしたジャーナルの発行，初年次教育の実践者向けのニューズレター発行，モノグラフ発行，学会の創設，国際学会への発展とつながってきた（2008年にトシは，ピア・サポートの研究で再びここを訪れ，帰国後，ヨシとともにこのモノグラフに寄稿を依頼され，掲載されている（Tanaka, Yamada, & Oshie, 2009)。

2年次の教育

初年次のプログラムについては研究・実践のおかげで多くのものが用意されたが，2年次（sophmore）については何もないことに気づいた。たいていの学生は2年次を終えるまでに各自の専攻を決めるが，1年次の時のようなガイダンスもなく，漂流感を持ち続けることになる。

そこで我々は，2年次の学生についての詳細な研究を行い，そのモノグラフを作成した。

（これが201プログラムとなる）また，学部生から大学院生への移行についてのモノグラフも作っている。

（このように，FYE-USC での研究・その成果の発表とuniversity101 での実践プログラムがみごとに連携して優れた教育

実践を生み出している。この後，関西大学文学部での2004年以降の組織改革，初年次教育としての「知のナヴィゲータ」の授業の説明，その運営の苦労，テキスト作成中の話などを詳しく行い，大変興味をもたれた。異なる地で同じことやってるね，と意気投合したものである。)

> **学内認知と学外評価**
>
> このセンターは私が副所長，Stewart が所長をしている。このセンターは実は，キャンパス内よりも全米あるいは国際的な方が良く知られている（苦笑）。全米の学会を開くと1600名もの人が集まるが，本学から我々スタッフ以外どれだけきているか知らない。全米でも唯一のこうした領域の研究所なのだ。
>
> 我々はもっともっと多くの教育者をこうしたポジティブな方向に巻き込みたいと願っている。我々の目標・使命は，学生ひとりひとりの自己実現（student success）なのだ。

② Dan の話（Dr. Dan Berman：University101　所長）

（Dan は，University101 の重鎮。映像文化の教授であるが，きわめて明確な教授哲学をもち，大変意欲的な教員で，まくしたてるように次々とお話される。1999年癌が発見され放射線治療で難を逃れている。自らの生き様を見せることが教育だ，と強い信念をお持ちである。

予定された2時間のインタビューのなかで，ほとんど Dan の独断場。その分きわめて濃い内容のものとなったが，ここではそのごく一部のみを紹介する。)

> **College survival course**
>
> University 101 はかつて"大学での生き残り戦略獲得コース"と呼ばれていた。現在でも80％の学生がこのコースを受講する（これを受講することによって大学生としてきちんと生き

図 4-7 Dan Berman

残っていくことができる，それを保証するコースだ，という意味である)。

しかし"生き残り"は大学の時代だけの話ではない。事実，卒業後は何も学ばず，望んだ人生を送れないとすれば生き残りという言い方は不適切である。そこで私は"生き残り"なることばを封印し，自己実現ということばを使うことにした。

Sink or Swim

"伸るか反るか"，"沈むか，さもなくば泳げ"。これは私が大学に入ったとき聞かされた言葉だ。しかしこれは私の哲学とは異なる。それはオリエンテーションのときに最初に学生にも親にも告げている。

私の哲学は"泳げ"だ。泳げるようになりなさい，ということだ。しかも泳げるだけではなくオリンピックの水泳選手になることを期待している，ということだ。君たちに，みごとに泳げるようになることを期待している，なぜなら君たちはその潜在的可能性を持っているからだ，と考える。

だれひとりに対しても"沈む"ことは望んでいない。高等教育機関である University101 への関わりを認めれば，我々はそのすべての学生に対して十分な自己実現をする手助けをできる限り行わねばならない，という道義的責務を感じている。

学生がいかにうまく学生生活をやっていくかということに対して我々は責任を持っている。同時に我々はそれを最大限に引き上げてあげる責任を持っている。

Contents or Process

教師が，見せ掛けではなく本当に熱狂して本当に好きなことがらを学生と共有すれば，学生にもその熱狂さを発火させるこ

とができる。教師の立場から言えば、なぜ学ぶことが好きでなぜ研究に熱中しているのか、という教師側の思いを学生と共有できるのである。

101 コースの教師が、私の選ぶ本を使ったり、私が教える内容を教えようとしてもうまくいかない。逆に他の教員が熱狂していることがらを私にもやれ、といわれてもうまくいかない。私は学生に、それぞれの先生のユニークさを共に経験することを望んでいる。

皮肉なことだが、これは 101 コースの「共通性」を構築するときにも極めて重要なポイントである。各クラスの学生はその担当教員の個性を反映して活気づけられる。これは上記のようにきわめて大切なことだが、同時に、各クラスで行われていることは個々バラバラということになる。

従って、こうしたコースの運営にとって重要なことは、「授業の内容が大切なのではなくその教授課程、その思考過程が本質的に重要なのだ」ということの共通理解である。

ここでの Dan の話、Barbara の話は、今なお重要な意味を持っている。

ゼミ活動の足跡（充実期）

さとみ（05）	印象形成におけるステレオタイプ―体型が与える声のイメージと声が与える体型のイメージ―
ともこ（05）	集団の帰属意識と成員の同一化意識
まさき（05）	音楽が加算作業に及ぼす影響―邦楽・洋楽，高揚的音楽・鎮静的音楽を用いて―
さちこ	水泳とコーチと私― Keep Smile.―
ちひろ（06）	問題解決の方略の選択に及ぼす感情の効果―自意識と特性不安との関連から―
のりふみ	幾何学的錯視における眼球運動と個人の認知スタイル
やすたか（06）	課題の類似性が問題解決過程に及ぼす影響
はやた	宗教心とボランティア精神
まい	先行情報が表情の印象評定と再構成に及ぼす効果
なつき	図形とレイアウトが人に与える心的影響―効果的な空間作り―
よしみ	個人的思想決定と支援者の存在～支援者の存在が意思決定に及ぼす影響～
ともひさ	音と音楽の境界線―あいまいさを持つ音楽とその効果―
あずさ	映像に対する聴取音楽の効果
ちかこ	企業ロゴと受け手の反応～広告を目的とするロゴの文字種類と色に対する受け手の反応～
こうじ（07）	こころの在り処―ロボットはこころを持ちうるか―
しげき	やる気に関わる諸要因～高校生のやる気を引き出すことを目指して～
なつみ（08）	現代の若者におけるネットへの態度～ネットとどのように向き合うか～
まなみ	大学生の QOL とコミュニケーションスキル・自己充実的達成動機との関係
よしのり	学びのトラジェクトリー～正統的周辺参加論に基づくゼミ活動の分析～

Chapter 05
成熟期そして今日（2008年度以降）

　2008年度は関西大学の心理学関係者にとっても大きな転機であった。

　関西大学には1960年代後半以後ずっと文学部と社会学部の両方に心理学を学べる学科・専攻があった。学部の卒業生は，それぞれの学部の特色を生かしたところに進路を見出していた。大学院についてもそれぞれの学部の上に文学研究科，社会学研究科があり，それぞれの学部の卒業生がそこに進んでいた。

　ところが，永く，受験生等からは，文学部の心理と社会学部の心理はどう違うのか，という問いかけが続き，とりわけ，オープンキャンパスで年に何度も受験生や高校生を迎えいれる行事にしてからは，当該の心理学の教員だけでなく，他学部・他学科・他専攻の教員にもその説明をしていただかねばならず，対応への苦慮が続いた。そのような中，臨床心理士認定協会の方で，1種認定は1大学1機関のみ，という方針を打ち出し，臨床心理研究者が複数学部に分散している大学ではその苦慮に追い打ちがかかることとなった。

　関西大学では2005年ころから本格的にそうしたことへの対応の議論が始まり，臨床心理士は心理臨床専門職大学院をつくり臨床の文・社を統合し，併せて，大学院レベルの教育は新たに心理学研究科を立ち上げ，臨床の専門職大学院も形の上ではその傘下に収め，専門職課程と博士課程（認知・発達心理学専攻および社会心理学専攻）の両方を持つあらたな研究科を2008年度から立ち上げた。このことによって，学部での独自の特色ある心理学の学びに加えて，心理学の研究・応用については心理学研究科という一つの大学院でまかなえる，という明確な形をつくることができた。専門職大学院

の専任教員9名，博士課程大学院の専任教員25名という盤石な体制の新たな研究科が誕生した。

関西大学大学院心理学研究科

　2006年からの本格的な議論，学内諸機関との調整，文科省との調整等を経て2007年度研究科準備委員会設置，2008年度よりの開設にこぎつけた。学内の他の2つの専門職大学院が既存の研究科とは別に作ったのに対し，心理学研究科は，専門職課程と博士課程の両方の課程を持つユニークな大学院とし，臨床の専門職に進んだ人も研究者になりたいと志向する場合は同じ研究科の博士課程後期課程の臨床に進めるようにした。このときの設立挨拶が図5-1である。

　この，新しい大学院の1期生として入学したのが2008年卒の**よしのり（ヨシ）**と**しげき**であった。この年には社会人と留学生の入学もあり，トシは心理学研究科での初めての院生4名を引き受けた。

　この年度より，ヨシの，ゼミの研究が本格的にスタートし，研究上の倫理規定をしっかり確認した上で学部ゼミでの参与観察を認め，授業中メモや撮影等があるかもしれないことを現役ゼミ生に伝え，また，節目節目でインタビューなどがあるかもしれないこと，それへの協力をヨシから依頼し，トシもその補足説明をした。年度始めのこの挨拶はその後5年間継続することとなった。基本的にヨシの存在・行動と，トシの授業進行とは全く無関係（インディファレント）であることを伝えた。そのことは，授業・日程が進んでいく毎にあたりまえのこととなり，毎回ヨシが教室の後ろの方でメモを取っている様子はまったく誰の気にもならないものとなった。こうしてヨシの参与観察を含むゼミの活動がスタートした。ヨシはその後，学部のゼミ合宿にもすべて参加し，ゼミ活動におけるヨシの存在は一つの風景と化していた。

大学院ニュース
Graduate School News

心理学研究科創設のごあいさつ

心理学研究科長　田中　俊也

　平成20年4月より、関西大学で最も若い大学院・心理学研究科がスタートしました。博士課程前期課程・後期課程をもつ大学院で、前期課程に12名（収容定員24名）、後期課程に6名（同18名）の定員を持ちます。

　心理学研究科はさらに進化し続ける計画を持っています。諸般の事情で本年のスタート段階では旧来の社会学研究科の中に置いています臨床心理士養成のためのコースを、来年度は、関西大学における3番目の専門職大学院として組み替える計画を持っています。これが実現すると、博士課程前期課程の「認知・発達心理学専攻」、「社会心理学専攻」、専門職課程の「心理臨床学専攻」（定員30名、収容定員60名）、それらすべての出身者および学外からの受験者を受け入れる後期課程の「心理学専攻」という完成形になります。関係する専任教員も文・社あわせて25名と、大きな組織となります。

　振り返ってみますと、文学部・社会学部での学部の心理学教育が始まって以来、これまではその上の大学院文学研究科・社会学研究科でそれぞれの大学院教育が行われてきました。本博修士会にも文学研究科・社会学研究科修了の方々がたくさんおられます。

　その中で、ここ数年来、特に臨床心理士の養成問題を中心にして、大学院レベルで統合した研究科を作ってはどうかという議論が進んで参りました。両学部のスタッフはもとより、大学全体の取り組みとしてその方向は着実に歩みを重ね、今日に至っています。

　本研究科は、文学部、社会学部というそれぞれの学部で心理学教育・研究をされてきた方が、大学院では同じ心理学研究科という傘の下に集うという、関西大学内でも例のない組織となっています。学部の独自性を尊重しつつ、大学院教育ではお互いのよいところを出し合ってより高次の研究の場を創りだそうという、新たな創造の場を選択したわけです。

　関西大学大学院心理学研究科は、こうした多種多様な人材が集って、専門職業人として心理学的な諸知見を社会で生かす道、専門的知識や技能を社会のさまざまな場に生かす道、高度な心理学研究を進め後進の養成に生かす道と、多様であるが同じ心理学研究という道を歩む、創造的な場として発足しました。その多様さは入学する院生にも求め、本年度第1期の入学生にもさまざまな経歴を持った方々がおられます。

　今日の知識基盤社会のなかで、その知識を担う人間の諸問題はますますその複雑さを増し、「何となく」、「常識的」に対応するだけでは対応しきれない喫緊の課題が学校・家庭・職場等で山積しています。そうした諸課題・諸問題を総合的かつ専門的に解決する方策の1つに心理学的知見の援用があります。特にこころを病んだ人たちのケアの問題は今後の高齢社会においても、また複雑化した社会の中にある学校に通う子どもたちにとっても大きな課題となります。同時にそうした諸問題への対処の方略を決定する心理学的な基礎的研究も重要で、私たちの心理学研究科は、研究の深化とその知見の社会還元という、関西大学の学是「学の実化」をまさに実践しているという自負を持っています。

　後発の研究科ゆえにさまざまな苦難も予想されますが、スタッフ・院生・事務職員一体となって、新しい大学院の運営に邁進してまいる所存です。

　どうぞ諸先輩方の暖かいまなざしをいただけますよう、心からお願い申し上げます。

図5-1　心理学研究科創設のあいさつ

研究の倫理

心理学の研究は，研究対象が「人間」およびそれをとりまく社会的諸環境であるために，研究に際しては細心の注意をする必要がある。ヨシの研究のような，参与観察を含む，当事者性が深く関わる研究においても格段の注意を払う必要がある。

これまで紹介した卒論の諸研究においても，トシはなによりその研究の倫理性の基準のクリアを優先した。勢い「おもしろい」研究をしたい，というときは，その「おもしろさ」の影に隠れて倫理性がないがしろにされることがある。

これからも，今も，将来的にもずっとそうした倫理観を維持することの大切さを示すものとして，心理学研究科を立ち上げる際に作った倫理綱領を紹介する。

関西大学大学院心理学研究科　研究・教育倫理綱領

関西大学大学院心理学研究科構成員（専任教育職員，大学院博士課程（前期・後期）及び専門職課程大学院生，大学院研究生）は，すべての人間の基本的人権を認め，これを侵さず，人間の自由と幸福の追求の営みを尊重し，また，人間以外の動物についてもその福祉と保護に留意し，心理学における学術的活動とそれに関連する諸活動にたずさわる。このため，関西大学大学院心理学研究科構成員は，心理学の専門家としての自覚を持ち，自らの行為に対する責任を持たなければならない。そして他者がこのような規準を侵したり，また自らの行為が他者によって悪用されることを黙認してはならない。

以上の主旨にもとづき以下の条項を定める。

1．責任の自覚

関西大学大学院心理学研究科構成員は自らの研究・実践活動が個人や社会に対して影響のあることを自覚し，自らの活動は個人

の幸福と福祉及び社会への貢献をめざしたものでなければならない。そのためには常に自己研鑚につとめ，資質と技能の向上を図らねばならない。

2．人権の尊重

関西大学大学院心理学研究科構成員は研究・実践活動の対象となる他者や動物に対して，常にその尊厳を尊重しなければならない。

1）個人のプライバシーや社会的規範を侵す行為をしてはならない。
2）精神的・身体的危害を加えることをしてはならない。
3）動物研究に関しては，動物が人間の共存者との認識をもち，適切な生育環境を確保しなければならない。

3．説明と同意

実験，調査，検査，臨床活動などを行うとき，その協力者に充分な説明をし文書又は口頭で同意を得なければならない。

1）あらかじめ説明を行うことができない場合には，事後に必ず充分な説明をしなければならない。
2）協力者が判断できない場合には，協力者に代わり得る責任のある者の判断と同意を得なければならない。
3）協力者の意志で参加を途中で中断あるいは放棄できることを事前に説明しなければならない。
4）事前に与えた情報で協力者が行動したにもかかわらず，その情報はにせの情報であったような手順でしかその研究が成立せず，かつ，科学的・教育的その他の意義でどうしても必要であると考えざるを得ない場合をのぞいて，そうした研究は行うべきではない。
5）事前に与えた情報で協力者が行動したにもかかわらず，その情報はにせの情報であった場合は，できるだけ早く研究協力者に説明をしなければならない。その研究の実験が行われた終了時が望ましいが，遅くともその研究の終結までには行わ

ねばならない。
6) 事前に与えた情報で協力者が行動したにもかかわらず，その情報はにせの情報であった場合の研究で協力者に精神的ダメージを与えた場合，その回復に全力を注がねばならない。

4．情報の管理
　関西大学大学院心理学研究科構成員は得られた情報については厳重に管理し，みだりに他に漏らしてはならない。また情報は，本来の目的以外に使用してはならない。

5．公表に伴う責任
　公表に際しては，専門家としての責任を自覚して行わねばならない。
1) 個人のプライバシーを侵害してはならない。特に個人情報の取り扱いには最大限の配慮をせねばならない。
2) 研究のために用いた資料等については出典を明記せねばならない。
3) 共同研究の場合，公表する際には共同研究者の権利と責任を配慮せねばならない。
4) 公的発言・広告・宣伝などで，社会に向けて公表する場合には，心理学的根拠にもとづいて行い，虚偽や誇張のないようにせねばならない。

6．附則
　関西大学大学院心理学研究科心理臨床学専攻（専門職学位課程）については，別途倫理綱領を定めるものとする。

2008 年度

　2008年度のゼミは，**ちさ**，**たくろう**ら比較的おとなしい4回生と，**ともこ**(10)，**ひろあき**ら大変元気のいい3回生という，対照的な学年で構成された。面倒見のいい**たくろう**と全国人会常勝の関大速記

部の**ちさ**が全体の世話をしてくれることになった。

さきaは,「嫉妬」という一種ネガティヴ感情に関心を持ち, その後他大学の大学院に進学した。また, **じゅんぺい**はいわゆる「営業」に関心を持ち, 在学中は特にそういう話はしなかったが, 卒業後公立大学の経営学の大学院に進み修士をとって東京で活躍している。当時トシもその大学の非常勤に行っていたが, ある日突然じゅんぺいと出くわし, びっくりしたものである。そこで, 院進学を聞いた。

この年度の3回生は15名の大変パワフルな者の集まりで, **さき**には**めぐみ**が, **じゅんぺい**には**ともこ(10)**が, **ちさ**には**しょうこ(10)**が, **たくろう**には**ひろあき**がB&Sでつき, それは次年度のB&Sで4回生になった**ともこ(10)**と**ひろあき**を中心に, 爆発する期となった。

2009年度

その2009年度はゼミ長の**ともこ(10)**と**ひろあき**が同期や3回生からもママ, パパと呼ばれるほどゼミの中にファミリアルな雰囲気をつくり, 爆発的に元気なゼミとなった。これには, **ともこ(10)**といっしょに**はるかa**, **はるかb**, **さちえ**らの力も大いに貢献したものと考えられる。3回生を迎えての新歓コンパで最初に新3回生にニックネームをつけた名札をつけさせたことも大いに効果があったのであろう。その後この期のゼミ生はお互いニックネームで呼び合っていた。

ますみは卒論の実験材料を作成するのに毎回ゼミに観察に来ていた院生のヨシを巻き込んで「第一印象」の効果の研究をおこない, **はるかa**も異なる視点から第一印象の研究をした。**ゆうた**は理想の教師像を研究し, その後小学校の教師になっている。**ひろあき**は, いったんは大学院入試に受かって進学を考えたが, 同時に大学職員にも受かり, 結局そちらに進んだ。それでもなお大学教育を考える

という研究の志向は捨てがたく，通信教育での大学院生となり今なお，いったん職場を移動して研究を続けている。

この期の学生は全般につながりが濃く，**ゆうた**のブラザーについた**だいすけ(10)** などは，面と向かって**ゆうた**の姿勢を批判したりし，**ゆうた**もそれをひきうけていた。こうした，言いたいことがきちんと言える先輩 - 後輩関係は，Ｂ＆Ｓがうまく機能したことの証左の１つになると考えられる。またこれは，第Ⅱ部２章の「ブラザー＆シスターの決定」で**みき(4)** が語っているように，個別のＢ＆Ｓにとどまらず４回生と３回生全体がＢ＆Ｓに育っていった１つの証かもしれない。

2010 年度

その**だいすけ(11)** らが４回生になった2010年度は，前年の雰囲気をそのまま引き継いだ，まさに成熟した関係性を個人・集団で築くことができた期でもあった。上回生にもかわいがられた**たく，しんご**らとともにおおいに盛り上がりをみせた。**ありさとだいすけ(11)** のゼミ長で15名の新３回生を受け入れ，個性豊かな27名の若者で構成される元気のいいゼミ生活が始まった。

この元気あるいい関係は，実はゼミ長のＢ＆Ｓでの継承・リエゾンにみることができる。**ともこ(10)** に**ありさ**が，**ありさ**に**みき(12)** が，と，みごとにゼミ長がリエゾンしている。個人的な嗜好で選択した先輩の雰囲気を実は知らないうちに後輩に継承していた，という形である。**ともこがありさを，ありさがみき(12)** を指名したわけではない（第Ⅰ部の１．黎明期の「ブラザー＆シスター・システム」に書いたように，Ｂ＆Ｓ決定の際，４回生からの３回生の指名はない）。正統性（**ともこ(10)**）を認めて参加したその成員（**ありさ**）が中心的なメンバーになった時，新たな新参者（**みき(12)**）が，世代の交代したその新たな共同体に正統性を認め参加していく，というリユゾンである。

2011 年度

そのみき(12)が4回生となった2011年度は、トシが前期（春学期）再び研修員をとる、という、ゼミ運営にとっては大変まずい状況となってしまった。「まずさ」はトシが惹き起したものであり、ゼミ生たちには大変申し訳ない半期であった。

トシは2008年から10年10月まで新設された心理学研究科長を引き受け、さらにその前の準備の2年間を含めると学内行政に奔走していたことになり、研究科長を退く際には研修員をとりたい、という希望を出していたので、2011年4月からの半年、国内にいながら、また研究室や図書館には出入りしながら一切の授業や会議を持たないという研修員の適用を受けた。年度末にはそれが分かっていたので、次期ゼミ長のみき(12)とひろたかには、「ぼくのいないところでゼミがはじまるが、後期は必ず帰ってくる」という話をして、半期、ゼミ全体を同僚の教員に引き受けていただくこととなった。新歓のコンパにも出ることはできなかったが、ひろたかとみき(12)の運営を信頼していた。この年、実は14名もの3回生がゼミ登録していて、前期の運営を大変心配していたが、LPP理論をよく理解されている同僚教員にお願いした関係で、過度の「介入」もなく、無事、後期から復活した。ここでも、ひろたかのB＆Sになったこうじ(13)が12年度をひきうけてくれることなった。

なおきはひろたかと真逆の性格・価値観を持っていたが、ゆうすけ(12)、たけし(12)、はやとらとうまく協力して、みき(12)を始めとするみんなでトシ不在の半期をうまく運営してくれた。後期のゼミ合宿では、ゼミを「家族」にみたてて、父、母、長男・次男、長女・次女、ペットにだれがふさわしいか、というアンケートを事前にとったものの発表があり、トシが「父」になっていてちょっと安心したものであった。そこには3，4回生入り混じった者がはいっていて、これまたうれしく感じたものであった（4回生が逆に次男・次女であることもあった）。この年、さおり(12)は臨床への道

図5-2 2012年度ゼミ最終日

が捨てがたく，前年度シスターでついていたゆき(11)と同様に臨床の専門職大学院への進学を決めた。

2011年後期（秋学期）から，半年の研修員を終えて復帰したが，同時に，10月から教育開発支援センターという学内組織（第Ⅰ部1. 黎明期，「着任初年次」に言及）のセンター長に就くことになり，新たな仕事との2足のわらじでの生活となった。このことは学生たちとはまったく関係ないことであり，ゼミ運営はこれまでどおりに進んでいった。この仕事は，「教授・学習」の大学（高等）教育版でもあり，新たな視点で「学び」を考える契機にもなっている。

2012年度

2012年度は，こうじ(13)，けいすけ(13)，まさたか(13)の3人の男子学生に，みさき，まな，なつみ a，b，りえこ，はるこ，ことみら11名の女子学生計14名の4回生でスタートした。こうじ(13)としおりが全体の世話役となってくれ，こうじは卒業後も前後の期のパイプ役を務めている。

ここに新たにけんと・たかひとの同姓コンビ，りな(14)・ちえの文学部祭実行委員経験者，元気なそよか，おとなしいきょうこ，みか(14)，洞察するどいみえ，さえ，1回生時の初年次教育科目，トシのクラス受講者でずっと映画研究会所属のゆうま，ユニークなみ

つひろ・りょうの 12 名の 3 回生が入ってきた。

　この後，2013 年度，2014 年度と続くが，いまなお現役の学生であるので，紹介はここまでにとどめておく。

問題解決と課題解決

　平成元年に関西大学に赴任して以来，ちょうど四半世紀になる。その前，名古屋の小さな大学に 6 年いたので，大学教員としては 30 年を超えるキャリア，ということになってしまった。そのキャリアに相応しくかどうか，大学教育のことを考えさせられる学内の役職につくことも多い。2 歳年下の妹が現在松山市の小学校での校長をしており，会うたびに「教育現象」としての大学教育（高等教育）という視点を持つことの必要性を無言でつきつけられている気もしている。

　ぼくの専門は心理学で，その中でも，思考・問題解決の領域に関心を持ち，学位論文もその領域の基礎的な実験結果を中心にまとめたものである。今にして思えば，そこでの「問題」は，人工的な「課題」であって，決してそれに取り組む「被験者」にとっての「問題」ではなかったであろうという気がする。実験者であるぼくが一種強制的に相手に「問題状況」を強いたものであって，被験者にとっては与えられた「タスク」をこなしている，そのプロセスを「問題解決過程」として分析したものであったのかもしれない。正確には「課題解決過程」と言った方がいいのだ。被験者は幼稚園・保育所の幼児から児童・学生と幅広くとったが，いずれにしても彼ら彼女らには，先生・先輩にやらされている「課題」であったのだろう。

　自然発生的に自己の内部から生じた「問題」を解決していく過程を研究するつもりが，人工的に与えられた「課題」をこなしていく過程の研究にすり替わってしまったのだ。それでも最大限の工夫として，その解決過程における情報探索の様子を，眼球運動や頭部運動といった観察可能な指標を使って記録し，できるだけ生々しい解

決過程を把握するよう努めたものである。

大学の教員が「授業をうまく進めたい」というのは「課題」であろうか,「問題」であろうか? 「課題」とみなせば,それは,「うまく進めた」という実感を強く持つ人の実践を踏襲することで,解決過程にあるという申し開きに使うことができる。実践集・ティップス集からの援用で解決の努力をしているフリはできる。「授業をうまく進めなければならない」という課題にとっては,それらの活用は必須であり,初任者研修では勢いそうした話になってしまう。現在,多くの大学のFD活動はその方向にある。

しかし,本当に必要なのは,個々のそうした教員が,現在の自分の状態を「問題」として感じ,それを何とかしたいと解決を志向していることである。なぜ「問題」か,といえば,研究成果の吐露だけでは学生の教育に繋がっていないこと,教育はおざなりのノウハウの援用だけでは成り立たないことを悟り,結局何を目指した教育実践なのかの目的意識が不十分であることの自覚が足りないこと,にある。課題はカリキュラム(シラバス)をこなせば解決する。

「問題」を「課題」に矮小化してはいけない,と自省を込めて感じているこのごろである。

ゼミ活動の足跡(本期には,第Ⅱ部にでるゼミ生の足跡も掲載している)

さきa(4)	嫉妬〜男の本音と女の本音〜
たくろう	リーダーに求められる人物像とは〜真のリーダーの生まれと性格〜
みお(3・4)	品格ある行動と潤いある生活〜仮想的有能感とQOL・自尊感情の関係〜
じゅんぺい(4)	「YES」を導く魔法の言葉〜性格特性と承諾獲得方略(要請技法)の関係性について〜
さきb(3・4)	反発・反抗心はどこから?
ちさ(4)	他者援助を生み出す諸要因〜ポジティブ感情に焦点をあてて〜
ますみ	GAP〜第一印象の悪さは武器になり得る〜

ゆき(10, 3)	自己開示，"出来る"と"出来ない"何が違うのか？〜自尊感情が自己開示に与える影響と自己開示抵抗要因の関係〜
めぐみ(4)	理想と現実のギャップから生じる親への態度〜ストレスの感じやすさの観点から〜
ともこ(10, 3・4)	やる気の源〜創造力・外向性・達成動機の関係〜
さちえ	判断しよう，いじめの問題〜いじめ認知に及ぼす評定者の諸特性〜
はるかa(4)	第一印象がその後の印象形成に与える影響
はるかb(3・4)	親の干渉が子どもの成長にどう影響するのか!?
ゆうた(4)	「信頼」できる理想の教師像とは〜小学校教師〜
えり(4)	楽観主義者と悲観主義者の違いは？〜個人的，対人的側面に焦点をあてて〜
しょうこ(10, 3・4)	気まずさ解消〜音に焦点をあてて〜
ひろあき	大学生の感じる不安の変化〜入学直後から上位年次まで〜
みゆき(11, 3)	コミュニケーション上手になるには―意識の方向性・自尊感情に焦点をあてて―
まさのり(4)	不慣れな環境における音楽の影響―未知と既知に焦点を当てて―
さり(3)	多面的で一面的な「わたし」――自己の多面性と自己確立の関係―
ゆか(3・4)	ネットワークを介した協調学習への参加に影響を及ぼす要因
ありさ(3・4)	アサーティブネスを身につける環境とは―親の養育態度・友人関係に焦点をあてて―
えりな(4)	"あなた"と"わたし"を信じてるっ!!―情緒サポート・随伴経験が達成動機に及ぼす影響―
だいすけ(11, 4)	経験へのポジティブな認知が自己に及ぼす＋効果
たく(4)	緊張の要因，緊張度の異なり
しんご	アイデンティティが対人関係に与える影響―アイデンティティの確立を目指すには―

第5章 成熟期そして今日（2008年度以降） 79

ゆき(11, 4)	自尊感情と対人抑圧感情が対人関係に及ぼす影響―「やさしさ」の違いから読み解く現代青年像―
なおき(4)	他者意識とモチベーションの関連性―人の視線はやる気を引き出すのか―
みき(4)	表情による第一印象の違い―笑顔の力―
ひろたか(3・4)	達成動機の違いによる自己希求と幸福感
ひろみ(4)	自分を知ることで，伝えられること―青年期アイデンティティと変化動機が及ぼすアサーティブの関係性―
あけみ(12, 4)	生徒の教師に対する信頼感と教師のリーダーシップが授業満足度に及ぼす影響
さおり(12, 4)	「支え合い」が育む心の健康―ソーシャルサポートの互恵性と自立・依存の関係からみる精神的健康―
ゆうすけ(12)	被服行動から自己と他者を知る―カジュアルな服装に焦点をあてて―
さとみa(12, 3)	現代の大学生にとってのインターネットの重要性―生きがい感と空想的他者意識に及ぼす影響―
たけし(12)	作られた笑いと自発的な笑いによる気分の変化
はやと	最も良い印象を与える髪色について
さえみ(3)	自分を知るとは―自分を受け入れるということに焦点を当てて―
なおみ(4)	対人スキルと公的自意識の影響による自己の見せ方の違い
りな(13, 4)	自己の見せ方―自尊感情・シャイネス・公的自意識から見る自己呈示規範の違い―
まな	親子関係と自己受容が友人関係に与える影響
しおり	自我関与の強さが感情表出に与える影響について―自尊感情・認知欲求との関係性―
なつみa(3)	価値観が周囲の頼り方に及ぼす影響
はるこ	親からの自律性援助と反発意識が親への信頼感に及ぼす影響
ことみ	書く力はコミュニケーション力に繋がるのか〜認知欲求，完全主義，自己制御から見る書く力とコミュニケーション力〜
りえこ	性格・自信・失敗傾向がアサーティブ行動に及ぼす影響

けいすけ(13)	失敗状況別における失敗恐怖感の相違―楽観主義傾向と完全主義との関連性
みさき	共感性が人間関係に及ぼす影響―向社会的行動・楽観主義と関連づけて―
なつみb	コミュニケーション・スキルが高い人とは～公的意識と自己肯定感に焦点をあてて～
こうじ(13)	人はどういったことに飽きやすいのか―個人の性格や課題価値の違いにおける心的飽和傾向に焦点をあてて―
まさたか(13, 4)	変わりゆく自己
みえ	社会的スキルとセルフコントロールが集団行動に与える影響
きょうこ	楽観傾向と家庭環境，ソーシャル・サポートがやる気の質に及ぼす影響
りな(14)	親からの自律性援助がレジリエンスに与える影響
みか(14)	個人・集団間で共有するものが信頼感に与える影響
みつひろ	場面別におけるストレスの感じやすさ―他者意識・ストレス傾向・楽観主義の観点から―
りょう	成果をあげられる人はどのような人物なのか
ちえ	親の養育態度と親への愛着がアイデンティティステイタスにもたらす影響
そよか	人との関わりが外向性や思いやりに与える影響―出生順と養育による性格形成―
けんと	自己への自信と周りの視線意識が単独での行動力に与える影響
たかひと	親和動機とストレスコーピングが神経症的傾向に及ぼす影響
さえ	認知欲求・客観性・共感性が状況のとらえ方に及ぼす影響
ゆうま	自尊感情と自己充実感が幸福感に及ぼす影響―幸福感の階層性に焦点をあてて―

第Ⅱ部
ゼミでの学びの日常性

出会い

ブラザー＆シスターの成立

卒論の深化とゼミ発表

別れ

ゼミでの学びのモデルと文化の継承・断絶

Chapter 06

出会い

> ゼミ初日

　ゼミ初日，心理第三実験室内の集団実験室は，例年，緊張と期待に包まれている。どことなく落ち着きのない様子で3回生がまばらに入室し，遅れて4回生がワイワイと雑談しながら部屋後方に据えられた椅子に順に座っていく。20数脚余りある椅子はぎっしりと埋まっていく。授業開始のチャイムが鳴ると，ゆったりとした口調でトシは次のように学生に語りかける。

> **トシ**　大学に来てようやくここから本番がはじまるんですね。これまでは受け身だったかもしれないけれど，これからは自分が進んでやる…自分から学んでもらいたい。自分が大事だと思うことをする…その実現のために2つの仕掛けがあります。一つはブラザーシスター。3，4回生が一緒にやるゼミなんですね…もう一つは卒論。卒論はやりたいと思うテーマの追求です…ブラザーとシスターはそこでできるだけお手伝いをしてもらって…明日は我が身，ということで，やっていってもらえたらと思います。（2010年4月6日）

　例年ゼミ初回のガイダンスでもまずもれなく，「明日は我が身」ということばが聞かれる。こうしたトシの意図した学びの「心得」について学生たちはどのように受け止めているのだろうか。大学本来の学びへの誘いに大きな期待を寄せていた，当時3回生であった**ひろたか（3）**は次のよう語っている。

> **ひろたか(3)**　これから学んでいくってゆうのは間違いないっす，今まで，初歩的なことをやってきてそれをこれから応用していく…自分で学んできたことで対処できるってところで。

　すでにゼミへの参加の意欲が高い場合，このガイダンスをきっかけとして**ひろたか(3)**のようにゼミでの学びに大いに期待する。一方，そうした学びを知らない，あるいは体験したことがない場合，期待をのぞかせながらも不安をおぼえる者も多い。学び，自ら参加していく際のある種の葛藤状態について，**さえみ(3)**は次のように語ってくれている。

> **さえみ(3)**　自分の学びたいことを学ぶってなんかすごい自由だとは思うんですけど，なんか逆に難しいなあって思って…興味あるなって思ったりしてたんですけど…すごい，なんか難しいなあって思ったりして（笑）。…やっぱり発表するだけじゃなくって，意見があってってゆうのがゼミかなって思うんで，まあそういうふうにじょじょに参加はいけるようにはしたいなあとは思ってるんですけど…同い年の子とかとも，あんまりこう近くで学んだりできることってないと思うんで，そういうことはできないことなんで，それはゼミでしかできないかなって思うんで。

　さえみ(3)の語りから読み取れるように，多くの学生にとって学びの「心得」というものは，独特の不安を喚起するものといえる。ゼミの学びの特徴は理解できる一方で，自分にそれができるのだろうか，参加への期待と不安の入り混じる様子がこうした語りのなかにもよく表れている。

　また，ガイダンスでは3回生と4回生がはじめて顔合わせを行う「出会い」の場において，4回生のゼミ長または副ゼミ長から3回

第6章　出会い　85

生に対してゼミ紹介が行われる。3回生は4回生を，4回生は3回生を互いにどのように意識し，かかわっていくのだろうか。当時副ゼミ長であった**だいすけ(4)**（なかじー）によるゼミ紹介が行われていた。当時3回生だった**ひろたか(3)**は，その4回生の印象について，次のように語ってくれている。

> **ひろたか(3)**　　第一印象っすか，ま正直ゆうと，4回生の人はめっちゃ楽しそうっすね…やっぱパワーはすごいっす，しゃべくりうまいですもん，なかじーさんとかしゃべくりとかうまいっすもん，自分もゆくゆくはなかじーさん目指していこうかなみたいな，そうっすね，あれはちょっと目標として，おいていきたいなってね。

ひろたか(3)のようにゼミ初回の時点ですでに4回生の姿を自らが目指すべき存在として意識していた者もいたようであった。目標となる存在が身近にいることは，参加としての学びの環境づくりにおいて，きわめて重要なことといえるだろう。

一方，そのような学びを誘う側の4回生はどのように3回生を捉え，関わろうとしているのだろうか。ゼミ長であった**みき(4)**によるゼミ紹介の場面からみてみよう。

> **みき(4)**　　とにかく田中ゼミは3回生と4回生が仲良くするゼミで，楽しくやってます（笑）…私たちは前の世代のことしかわからないけれど，何を調べたらいいかわからなかったら，聞いてください，私たちの去年のレジュメみせてあげられるし，それに，詳しいことだったら個人的にも聞いてもらえたらいいから…。(2011年4月7日)

このように，ゼミ初回の3回生の不安や緊張を気遣い，ゼミの楽しさについて生き生きと語る**みき(4)**は，どのような思いから語

っていたのだろうか。

> **ヨシ**　自己紹介のときに，後輩と一緒にやるところでーって言ってもらってて，これはどういうふうに思ってゆってもらってた？
>
> **みき（4）**　必死でしたね（笑）。ほんとに上の先輩方がすごい先輩ばっかりやったんで，これからもありささんもそうですけど，ブラザーシスター以外のなかじーさんだったり，ふでさんだったり，ほかの先輩方も仲良くしてくださって，それがすごい私は嬉しかったんですよ，それで，後輩ちゃんにも，私は先輩がいてありがたいなあって思えることが多くて，そんな私にはそんなことできないけど，何か一つでもそういうのを提供できたらなあって思って，上下の関係大切にしたいなあって思って，その願望もこめてゆってました，はい（笑）。

みき（4） の語りからは，自らがよいものと認めた（正統性の認知），先輩たちが築いてきた文化をこんどは自分たちが引き継ぎ，つくりあげていきたいと願い，そうした思いをもって3回生を学びに誘っていくようすがわかる。このようにして，いまはすでにいない先輩たちの文化が引き継がれていくなかで，「学びの出会い」はつくり出されていく。

3回生のゼミ発表

次に，学びの日常の風景としてのゼミ発表のようすをみていこう。ここでは3回生が中心となるゼミ発表を取り上げて，その特徴をよく表しているものを紹介したい。

一般的に，ゼミ発表での発表後の質疑やゼミでの討論に際しては，発表終了後，発表者が「質問をお願いします」と言ってみせても，しばらく沈黙が続き，やむなく教師が質問し，コメントして終わる，

といった場面は珍しくないかもしれない。

このゼミでは議論や討論に際して，はじめの質問の「とっかかり」として，多くの場合，4回生の側から3回生に対してその発表を「褒める」ところからはじまる。

> **なつみa(3)**：(発表を終えて) もし質問とかあったらお願いします。
> **さおり(4)**：はい。
> **なつみa(3)**：お願いしますー。
> **さおり(4)**：最初の発表おつかれさま！　一回目やのにすごいしっかり発表してて，メタ認知の説明とかも，去年私も発表したんやけど，めっちゃ難しくって，それをわかりやすく，説明してたので，すごいなあと思いました。最初の発表でめっちゃ緊張してたと思うんやけど，ほんとおつかれさまでしたー(以下，質問が続く)。(2011年5月12日)

このようにトシから「褒めましょう」などといった教示が特になくとも，学生たちによって自然にそれが行われているさまは，まさにこのゼミの文化的な特徴を示しているように感じられる。**まさたか(4)**の語りからそれを読み取ることができる。

> **ヨシ**：前期の授業で，ゼミで印象的だったことって覚えてますかね。
> **まさたか(4)**：あ，発表したあとに，一言褒めるってゆう，褒めることから始めるってゆう，あれすごいなあって思いました，あれが一番場の雰囲気をよくしてるんかなあって思いました。
> **ヨシ**：具体的には覚えてるかなあ。
> **まさたか(4)**：発表が丁寧でわかりやすかったですーとか，パ

ワーポイントの写真，犬の写真とかがキャラクターもの使ってたら，可愛い，癒されましたとか，なんでも，褒めるんですよね，イラストであっても，パワーポイントのことであっても，ブラザーシスターのことであっても，すごい調べてくれて，私も一緒の発表で，すごい参考になりました，ありがとうございます，とか．

ヨシ：それを聞いてまさたかはどう思ったんかな．

まさたか(4)：最初は気づかなかったんですけど，2回目，3回目くらいから，あー褒めることがすごい，あーこれが田中先生のあれなんかなあって，でもそうじゃないんかなあとも，4回生の，その僕の先輩の，2つ上の先輩からの伝統なのか，僕の3回生のときの4回生の方がやりはじめたことなのかはちょっとわからないですけど，そういうなんかみんなで場をよくしようというか仲良くみんなでってゆうふうになってると．

ヨシ：ちょっと難しい質問やねんけど，そのなんで褒めようってゆうふうになってるんかなあってゆうのをまさたかの思いとか考えでいいねんけど．

まさたか(4)：なんでかですか，んーんーなんでですかね，友達と話すときはそんなに褒めないですよね，僕の周りはどうするとか，聞いても，そうですねえ，なんでですかねえ．

ヨシ：なんでやろうねえ．

まさたか(4)：やっぱり場の雰囲気が和むというか優しいほんわかとした感じで，間違ってるとか殺伐とした質問とか指摘よりも褒めるってゆうことが一番人間関係を良くしていくってゆうことで．

ヨシ：あー人間関係人事にしていくってところで．

> まさたか(4)：あーでもそれが最初だけじゃなくてずっと前期も後期も最後の授業の方でも一貫してなってたかなあって思うんで，別にそれが一番の理由かなってゆうふうには思わないですけども。

　ゼミの第一印象について「発表したあとに，一言褒めるってゆう，褒めることから始めるってゆう，あれすごいなあって思いました，あれが一番場の雰囲気をよくしてるんかなあって思いました」と述べているように，まさたか(4)は褒める行為そのものがゼミ発表の雰囲気づくりにつながっていると考えている。また，「前期も後期の授業の方でも一貫してなってた」と語るところから，褒めるという行為がゼミでの学びの日常を維持しているものと推察できる。ゼミ発表での学びは，4回生が3回生を気遣い，労い，それに対して3回生がそうした行いをよいものと認める，そうした関係性に根差したものとして成立していることがわかる。これが，このゼミでの学びの当たり前の風景となっている。

4回生の卒業演習

　卒業演習の様子を紹介しよう。卒業演習での学びには2つの特徴がある。それは，「探求」と「協同」である。ここでの探求というのは，未知の問いを探り，自ら関心のある問題に向き合っていくプロセスを意味している。トシの語りを紹介しよう。

> トシ：大学の1，2回には，問題意識もあったが，本当にやりたいことは横においてと強要されてきたかもしれません。これまでは課題をこなすだけだったかもわかりません。これが本当にわかりたい，やってみたいという知的好奇心は，場合によってはしてはいけないこと，暗黙のこととされてきた，というわけです。つまり，禁欲されてい

たわけですね。その禁欲が今解かれます（笑）
ゆか（４）：断食みたい（笑）
一同：（笑）
トシ：卒論では，妥協してしまわないように，自分が選んだテーマを追求してください。それができないときっと悔やんでしまうから。だから本気で問題を見つけてください。それが満足感にもつながります。胸につかえていた問題がはっきりわかってきたという実感と知識を構成していく喜びを経験してほしいと思います。（2010年4月6日）

そして，その過程は，創造的な問題解決であるとトシは説く。

トシ：単に論文を書くだけでは意味がない。コピー＆ペーストは全く意味がない。それはいくらでもできるんですね。卒論50枚書かなければいけないとゆうのは，それは単なる課題でしかない。ここではクリエイティヴな発想をぜひ経験してほしい。実験法Ⅱ，あれは課題だったんですね。テーマがこちら側で設定されていたわけです。一方，ゼミでは問題を見つける。卒論はその問題を見つけて，解決していくということ。それをこちらがサポートしていきたい。具体的な中身は，基本的にはどんなものでも自分がこだわる問題をみつけて，発見をしっかり時間をとってほしい。4月，5月，場合によっては6月までテーマをしっかり検討していきます。

このように，トシは十分な時間をもって，卒論テーマを設定していくことが重要だと言う。その行程を紹介しよう（図6-1）。はじめの一週間で自分の興味・関心を3つ挙げていく（図では1Wと表記）。「自分」の普段の興味・関心（図では楕円で表記）を外化していく（a，b，c）。次の週には，再び，同じ行程を辿り，さらに興味のあ

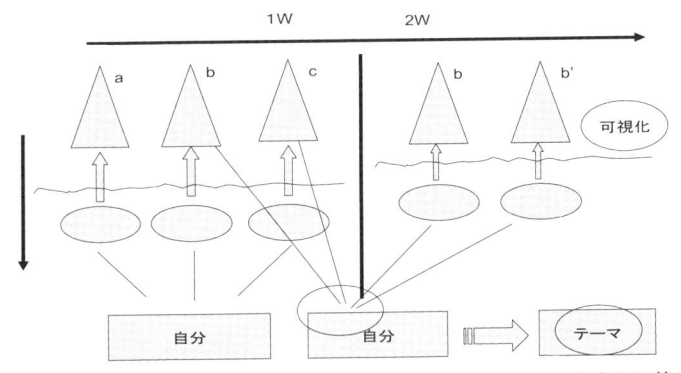

図 6-1 卒論テーマ設定のプロセス（ホワイトボードに描かれたものに基づき作成）

るトピックを深めて，議論していく（図では 2W と表記）。こうした行程では問いかけが重要となる。この問いかけはさらに興味・関心を別の形に派生・拡張していく（b'）。このようにして未知を広げ，その過程で本当に関心のある問いを「自分」のなかに見出していく。その問いを見出していくなかで，図にあるように，b，c，そして b をさらに発展させた b' がどう関連するかを検討しながらテーマとして練りあげていく。この作業を何度も繰り返すなかで，探求はなされていくのである。その様子を紹介しよう。

めぐみ（4）：親孝行，青年期における今の時点での親との関係が面白いと思ってるんですけど，調べたいテーマが見つからないんですよー。

トシ：親をどう見ているか，ということの変遷ですかね？

めぐみ（4）：どう見たらってゆうか，どう接しているかっていうか。

トシ：それは，自分の心理的成長にも影響するんですかね？

めぐみ（4）：そうですねえ。

はるか a（4）：どう接していくのか，も変わっていくのかな。

> トシ：おもしろいですね，変化がおもしろい。
> はるかa（4）：たとえば親と一緒に暮らしているか暮らしていないかでそれを比べることも？
> めぐみ（4）：あー家を出たいとか離れたいとかそういう感情とかによっても違うんかなあとか。
> トシ：なるほど。キーワードは心理的距離感，そしてその変化…親に対する心理的距離感と親の態度との関係性，みたいな感じでしょうかねえ…他とつながっているかもしれないから，そこをいろいろまた考えてみてください。
> （2010年4月28日）

このように，漠然とした関心についてゼミの仲間や教師のはたらきかけを介しながら，共に考えていくのである。

次に，もう一つの卒業演習の学びの特徴である「協同」についてみていこう。学びにおいて他者のはたらきかけが重要であることは，次のトシの発言からも知ることができる。

> トシ：問題をみつけて解決していく行為は，このゼミでは協同で行われる。そのことを実感してもらいたい…卒論では，つっこみを入れていく。こう考えてみてはどうかというサジェッションをしてほしい…コアの発想を公言することによって，まさに協同で問題解決をしていってほしい，それがねらいです。…したがって，卒論では極力発表内容についてあれこれつっこんでください。互いに関心を知った上でね，そうすると自然に協同になっていきます。誰かの発表のときは，誰かの発表だと思わないようにしてください。自分事としてぜひかかわっていってください。（2010年4月6日）

他者との関わりのなかでテーマは形になっていくとトシは述べる。

トシとゼミ生との関わりを少し詳しく紹介してみよう。以下は**えり**（4）がテーマの設定に悩んでおり，他の4回生やトシの助言により，**えり**（4）のテーマが具体的な形を成していく場面である。

> **えり**（4）：人の意見に流されるんですけど，どういう人が優しいか。嫌われるのが怖かった。
>
> **トシ**：本質的な部分じゃないですかね。同調的でありながら自分からすると自律していない。だから同調と自律のはざまにいる。
>
> **えり**（4）：他人が意見を聞いてくれると優しい。やっぱり，最近は意見を言いたいと思うし。
>
> **はるかa**（4）：でもって否定されるかどうかによってしゃべり方によっても違ってる。
>
> **えり**（4）：言い方でも違うと思う。
>
> **はるかa**（4）：自分が感じるのと自分の受け止められた方のどちら？
>
> **えり**（4）：ぜんぜん考えてない（笑）
>
> **はるかb**（4）：今聞いてて，どっちかってゆうと，相手から言われるのが気になってるのか，気にしてるのかって。
>
> **ともこ**（4）：優しいと感じるかによってどっちからやっても自分の意見（が言いやすいかどうかに）つながってると思うんやけど。
>
> **トシ**：課題が決まりましたねえ（笑）どっちを調べたいか。
>
> **えり**（4）：ありがとー！
>
> **はるかa**（4）：定義みたいなのを何かとからめてみたり。
>
> **トシ**：「優しさを感じるとき」とか（笑）
>
> **一同**：（笑）
>
> **トシ**：どっちから切っていくか考えてください。（2009年4月28日）

えり（4）は「人の意見に流される」、「嫌われるのが怖かった」と述べている。その発言に対して、トシは、「同調」と「自律」における心理学的性質として解釈する視点を提示する。次いで、えり（4）が「意見を聞いてくれる」ことについての自らの主意や感じ方を開示し、さらにその発言に対して、はるかa（4）が、「しゃべり方によっても違ってる」と述べ、異なる立場からまた別の考えるべき視点を提示する。それを受けてえり（4）は、「言い方でも違うと思う」と述べているように、はるかa（4）に対する意見に同意を示し、さらに、「自分が感じるのと自分の受け止められ方のどちら？」との、はるかa（4）による疑問により、えり（4）の関心の明確化がはかられるようなはたらきかけがなされている。しかし、この時点では、えり（4）の関心はあいまいなままである。そこで、こんどは、はるかb（4）が、「今聞いてて、どっちかってゆうと、相手から言われるのが気になっているのか、気にしているのかって」と、自身の視点に引きつけながら考えを述べている。これは、えり（4）の関心の位置づけを明確にするはたらきかけといえる。さらに、ともこ（4）も、自身の考え方に基づきながら「優しいと感じるかによってどっちからやっても自分の意見（が言いやすいかどうかに）つながってると思うんやけど」と発言する。つまり、優しさの感じ方が、自分の意見の表明のしやすさに影響するのではないか、というコメントをしている。問うべき内容がある程度形になってきたために、トシは「課題が決まりましたねえ（笑）」と述べ、えり（4）の問うべき課題を改めて確認している。「ありがとー！」とテーマが明確となったことへの感謝の気持ちがえり（4）から述べられているように、えり（4）自身が問いを自らのものとして引き受けることが可能になったものと推察できる。

　このように他者との一連のやり取りの過程を詳細にみると、はじめは漠然と関心をもっていたテーマが、仲間であるゼミ生や教員からの示唆を経ることによって、協同的に形成されていくことがわかる。学びは他者との協同過程のなかで達成されるのである。

学習から学びへ

Learning

　アメリカの東海岸ペンシルバニア州のピッツバーグには，学びの聖堂（Cathedral of Learning；COL）という巨大な建物がある。ダウンタウンからは少し離れた，オークランドという文教地区にあるピッツバーグ大学の建物である。オークランドのどの位置からも視野にはいる巨大な研究・教室棟で，こうした機能の建物としては全米で1位，世界でも2位の高さを誇る。その建築美には圧倒され，4方どこから見ても実に美しく，飽きることがない。ピッツバーグのランドマークの一つに指定されている。

　建物にこうした名前がつけられていることからも分かるように，Learningということばは個人の認知的な営みを超えて，人類の進歩や発展につながる，DiscoveryやDevelopmentと同様の，アメリカの文化を語る際の重要なキーワードの一つとなっている。上述のピッツバーグ大学には世界的に良く知られた研究者の集うLRDC（Learning Research and Development Center）という優れた機関もある。すぐ隣にあるカーネギーメロン大学の心理学研究者との交流もきわめて日常的で，Learning研究の拠点になっている。

学習と学び

　Learningが「学習」と訳されるととたんにその意味に精彩を欠いてくる。学習は心理学では「経験による比較的永続的な行動変容」と定義され，学校教育の現場でこの「学習」が使われるときには，「どのような経験を」「どのような方法で」「どのくらいの量を」させれば「持続可能な」「行動変容」につながるか，といった，「教授」を前提にした，その対語としての「学習」にその意味が矮小化される。ここでの「学習者」は，あくまでも教授者側の「受け手」としての意味での存在であり，その学習内容の吟味，学習の意義・意味，

学習成果の利用可能性の場すべてについて教授者側が「責任」を持つ。学習者は，周到にデザインされたカリキュラムの実行の一方の当事者であり，実行はするが責任はとらなくていい。そこでの教授内容は一種パッケージ化されたトラックの荷物であり，その荷物をいかに効率的に不審がらずに受け取ってもらうか，ということが教授者側の大きな課題となる（トラックモデル；田中，2000）。学習者側に要求されるのは，素直に荷物を受け取り自己の内部に蓄積し，来るべき再生の時に素早く正確にそれを取り出す構えを作り，そのトレーニングを積むことである。

こうした「学習」は，本来の Learning の持つ一つの側面に過ぎない。ここには，学習という行為をとることについての自覚的な意識もなければ，その後自分がどうなるのかについての問いかけも必要としない。教授者がとってくれる「責任」によって確実にパフォーマンスレベルは上昇するので，そのことによって自分自身の「変化」の確認はなされる。教授という経験を受けることによって行動は確実に変容するのである。

ここで決定的に欠けているのは，その学習という行為を行う際の，「なぜ」なのか，「何を」めざしてのものなのか，「どこ」へ行こうとしているのか，についての問いかけである。こういう問いかけを含んだ Learning を「学び」と呼び，それを「参加としての学び」と呼ぶこととする。

学びは，自己のアイデンティティに常に問いかけ，自分の変容と正面から対峙し，どこに行こうとしているのかを明確に意識した行動となる。

どこに行こうとするか，それは，自分が正統性（legitimacy）を認めた共同体への参加（participation）の志向をすることであり，何を目指すか，それはその共同体での自己の活動を実現すること，そのことが同時にその共同体の発展に寄与することであり，なぜ学ぶか，それは自己のアイデンティティの確立が同時にその共同体にとっての利他的行動になる，という確信があるからである。「学習」

に含まれていなかった学習内容の吟味，学習の意義・意味，学習成果の利用可能性の展望すべてが含まれる。それに加えて，「共同体への参加」という意味で，学びにはもともと他者との協同という側面も含まれている。

　大学生にとっての「ゼミ」の始まりは，その意味で，学習から学びへの本格的なシフトの機会，と言ってもいい。

　近年，高等教育の領域では「アクティヴ・ラーニング」という言葉が日常的に用いられる。ここで言う「アクティヴ」という意味が，実は上記の「学び」の意味を持っていることを確認しておく必要がある。主体的に動く，という時には必ずその動きの「なぜ」「何を目指して」「どのような方法で」「どこに行こうとするのか」という問いかけへの答えが内包されている。言い換えればアクティブ・ラーニングとは学びそのものである，と言えよう。

　そうした学びにとって重要なのは，最初の「儀式」（イニシエーション）である。ある種の共同体への参加を学びの本質の一部だと考えると，その参加のしやすさ，入り込みやすさがどのように設定されているかは極めて重要な関心事となる。**まさたか（4）**が感じた，自分が入ってきたときの上回生の振る舞いは，まさにそれを配慮したものであったのである。

　また，卒論指導における**えり（4）**の，**はるかa（4）**，**はるかb（4）**，**ともこ（4）**らの発言に啓発されてテーマを構成していくさまは，学びにとってきわめて重要な本質的な側面であるといえる。

Chapter 07
ブラザー&シスターの成立

> 合宿の風景

　トシのゼミでは大学のセミナーハウスを利用し，1泊2日で行うゼミ合宿は重要な行事として位置づけられている。ゼミ合宿は，例年7月の第一週目から2週目にかけて実施され，時間は例年異なるが，午後2時頃にセミナーハウスに現地集合し，夕方にかけてまでゼミが行われる（表7-1）。

表7-1　資料「合宿の案内」（2010年7月10日〜11日）の一部を掲載

```
1日目
14：15　現地集合
14：30　ゼミ（卒論中間発表）開始（一人15分を目安に発表）
17：45　Ｂ＆Ｓ決定会議
18：15　夕食・入浴・休憩
19：30　コンパ
2日目
08：00　朝食
09：00　現地解散
```

　ゼミ合宿が近づいてくると，トシは4回生に「発表の手引き」を配布する（図7-1）。

4月以来，卒論作成に向けてこれまで各自真剣に取り組んできました。自分にとって何が「問題」で，それをどう「解決」すれば一応の「納得」がいくのか，という見地から，前期は主に「問題」の発見・同定をめざして深い内省，問題意識の掘り下げ，先行研究のレヴュー等を通して議論してきました。

今回の合宿では，前期の研究活動のまとめとして，以下の要領で各自15分程度の時間をとって研究発表をしていただきます。これは「義務」と捉えれば苦痛に感じるかも知れませんが，これまでのぼんやりとした，あるいはもやもやとしたものをまとめる「好機」として，積極的に「利用」する気持ちになって下さい。

研究のペースは個人差がありますから，画一的なレベルの要求はしません。以下の各 stage のいずれかまで（少なくとも stage Ⅱ まで），自分の可能な範囲でまとめて下さい。「問題」を公言することによって社会的営為としての卒論作成の自覚を高めていただくことを希望します。

直後に今年度のブラザー＆シスターを決定しますので，3回生の人たちに対して，自分の研究のユニークさ・面白さを十分にアピールして下さい。そこでの発表は，実際の論文の「はじめに」「問題」「方法」の部分を書き始めたことにもなりますので，着実に論文完成に向けて動いているのだ，という自覚が持てることになるでしょう。

発表はパワーポイントでのプレゼンとします。最後にＢ＆Ｓに向けてのメッセージも工夫してどうぞ。

【stage Ⅰ】なぜその問題をとりあげるのか。
　自分にとっての必然性，研究の面白さを述べて下さい。
【stage Ⅱ】その問題に関わる重要な概念（キー・コンセプト）について。
　論文を書く上で「キーワード」となりそうないくつかの概念・方法について，辞書的定義，心理学上の定義（心理学辞典などから）や研究の流れについて解説して下さい。
【stage Ⅲ】研究仮説・明らかにしたいことがら。
　何がどうであると考えるのか，あるいは何のどういう側面を明らかにしたいのか，を述べて下さい。特に変数間の関係について，独立変数（これこれが），従属変数（これこれを生み出す）を。
【stage Ⅳ】方法
　どういう器具や尺度（調査票）を使って研究するのか。また，誰を被験者（被調査者）として研究するのか。尺度や方法の紹介。
【stage Ⅴ】手続き
　具体的な研究を，どのような手続きで進めていくのか。実験・調査計画を述べて下さい。予備調査／実験の終わっている人はその内容を紹介してください。

図7-1　資料「発表の手引き」（2010年5月25日）の一部を掲載。

ゼミ合宿に向けて準備を進めていく4回生にとっては，どのような経験となるのであろうか。発表準備に臨む様子について，**みお（3）**，**はるかb（3）**は次のように語っている。

> **みお（3）**　そのテーマを決めるとか，夏合宿まではー，けっこう，あの，先生もプリントとかつくってくれて，合宿前に，レジュメの構成みたいな…「これで作ってきてくださいね」みたいな，で，夏合宿，みんなの目標が夏合宿までに，このレジュメを作るっていうので，やっぱ，みんな必死で，先生のとこ行くし，先生も言ってくれるし。
>
> **はるかb（3）**　ゼミ前っていうか合宿前に，やばい，仮説考えなって思って慌てて考えました。なんか前から仮説，まだなんか仮説はまだいいよって感じやったんですよ。でもなんかここまではやってくださいみたいな，でも絶対みんなやってくるやろって思ってたんで，やばい仮説考えなあかんって思って仮説を頑張ってひねり出しました。

みお（3）の「みんなの目標が夏合宿までに，このレジュメを作っているので，やっぱ，みんな必死で，先生のとこ行くし」との語りにもあるように，卒論の中間発表が，4回生にとってはゼミの一つの目標となっている。**はるかb（3）**のように，「やばい仮説考えなあかんって思って仮説を頑張ってひねり出しました」との語りにあるように，卒論を少しでも成果がみえる形にしたいと望み，集中的に作業するようになる。こうした集中的な取り組みが可能になるのは，ゼミ合宿自体が4回生にとってその成果を公表する場であると同時に，それによってブラザーシスターが決まる舞台となることが大きな要因として考えられる。

合宿当日，ゼミが始まると，トシは次のように語る。

第7章　ブラザー＆シスターの成立　101

> トシ：中間発表だから，途中経過の報告ですので…また聞く側として1回は質問・コメント・アドバイスなどなんでもいいので発言をしましょう。(2010年7月10日)

　4回生には途中経過を報告する意味で，発表の場を使ってもらいたいと意図して語りかけ，3回生にはより積極的な参与を求めている。もちろん，4回生が緊張しながら各論に近い内容に踏み込み，発表するため，3回生の側から意見はなかなか出しづらいことがある。

> ゆか(3)　　聞いているのは面白かったんですけど，だんだん自分ばっか意見言ってて良いのかなぁって，なんか聞いてみたら一人一回は必ずって言ってたじゃないですか。

　ゆか(3)のように，発表の内容に深く踏み込むコメントをしたいと望む3回生がいる一方，内容も高度で難しく，どう意見を述べればよいのかわからない，また午後6時頃までにかけて集中的に発表が連続して続くスケジュールの過密さから実質的にコメントができない場合もある。とはいえ，4回生は，自身の発表後，自分の後輩が決まるので，やがて自分についてくるかもしれない3回生を聴衆として否応なしに意識し，発表する。研究内容の発表後，**だいすけ(4)** は，4回生の立場から3回生に対し，次のように語りかける。

> だいすけ(4)：簡単にゆうとキーワード調べてもらおうかなあと。ポジティブ感情とか経験への開放性を調べてもらおうかなあと…一緒に自分の経験についてどう考えたか，どういうふうに自分自身は思ったか，というところで考えてほしいな…"は

> てな（？）"をみつけたら投げてみてもらいたい…これからのブラザーシスターで，そうゆうのでやってみたいと思う人に手をあげてやってほしいなあと。(2010年7月10日)

　このようにゼミ発表は3回生に対する一つのアピールの場となる。さまざまなアピールの仕方があるが，いずれにせよ4回生はそのアピールの後，3回生からの「選択」を待つことになる。一方，4回生の発表に対し，3回生はどのように感じるのだろうか。

　まず，合宿での中間発表の場は3回生とって卒論に対するイメージを形作る機会になるようである。

> **さり(3)**　最初のほうに田中先生がなんかふつうに授業みたいな感じで最初喋ってはった，ゼミのいっちゃん最初の頃にやった，そういう内容を踏まえて，私たちはなんか学びがうんぬんみたいな，そういう発表を結構やってたから，なんか，ほんとに卒論は幅広いんだなって，何でもありだよなって思って，なんか，全く関係のないことをやるのは抵抗があったっていうか。
>
> **みゆき(3)**　すごい自分の興味があることを追求していくって感じだったんで，すごい楽しそうだなと思いました…なんか4回生の人がああいう風に発表してるのを見れないじゃないですか。

　3回生は前期のゼミ発表で概ねトシから出されたいくつかのテーマの各論についてまとめて発表することになっている。その関係から卒論のテーマもその範囲に収まるようにまとめる必要があると捉える者も多い。卒論の中間発表では，その多様さに触れ，バリエーションを間近に知ることができるために，**さり(3)**のように幅を広げてテーマを探してよいと感じる者もいる。また，**みゆき(3)**

第7章　ブラザー＆シスターの成立　103

のように「興味があることを追及していく」探求の姿勢をまのあたりにして「楽しそう」だと感じる者も多い。

　一方，そうした4回生が「あまりにもできている方」であるようにみえることから，来年度のゼミでの活動に不安をおぼえてしまう学生も多い。

> **ありさ(3)**　　4回生の方々はしっかり発言しはる方が多いと思うんですよ，ゼミ合宿でもそうだったんですけど，自分たちがこんなんやったら下の学年が入ってきたときに大丈夫かなぁって…先輩があまりにもできている方みていると自分が先輩になったとき大丈夫なのかっていうことを結構考えるのでそのゼミにおいても入って，みなさんがしっかりしておられてどんどん質問とかしているのみてなんで，ゼミ合宿でも思ったんで。

このように，初めて4回生の卒論発表を聞く経験が，4回生のある種の「すごさ」をハイライトすることにつながる。

> **なおき(4)**　　先輩が発表してて，今思うと，なんすか，今僕が発表したときに3回生がもし僕の発表みたら，もしかしたらすごいって思ってくれるかもしれないですけど，SPSSとかそういう見たこともない分析をして，そういうのを，実際なんかその，そんなに実際やってることすごくないし，知識もないけど，こう一年間自分が多く学んでるってゆうことで，当時も，その4回生も，すごいなって。
> **ヨシ**　　なるほど，4回生の入ったときの，存在，そのすごいなってゆうのは，なんてゆうか，あったりするんかなあ。
> **なおき(4)**　　ああ，ありました，僕が3回生のときに4回生をってゆうことですか，それは，ありましたね，やっぱり，田中ゼミが優秀って聞いてたので，実際，Kさんとかの発表も聞いたりして。

4回生の卒論発表が，3回生にとっては「すごい」先輩にみえるしかけとして機能しているのである。この「すごさ」を，接近したいあこがれの存在とみなすか，自分とは別の世界の存在とみなすかによって，参加の形態も異なり，どういう先輩につきたいか，という正統性にも影響を及ぼす。

ブラザー＆シスターの決定

こうしたゼミ発表を経て，4回生は3回生による「話し合い」を別室で待ち，自身のブラザーシスターの決定を待つことになる。

> ヨシ　　合宿でブラザーシスターにつかれるときって。
> みき（4）　　緊張してましたあ（笑），たぶん，田中先生も，誰についたとかぜったいおっしゃらなかったし，つかないことがないってわかってたんですけど，去年，一年前の方法は知ってるから，もしかしたら自分にはついてくれなくて，お前Ｏんところにつけよみたいな雰囲気になるんじゃないかなってゆう，不安はすっごいありました（笑）正直ありました（笑）…選ばれるようになったときは今の4回で，そわそわしながら，コンパ会場で写真とか撮ってやたら気を紛らわしてたんですけど，そのときの写真をみてみたら，みんな顔ひきつってて（笑），緊張してるんやなあって。

みき（4）の実直な「不安はすっごいありました」との語りにみられるように，多くの4回生はブラザーシスター発表時に大きな不安を抱いたと語る。それは，「去年，一年前の方法は知ってるから，もしかしたら自分にはついてくれなくて」というように，誰もが一度は自分たちが選ぶ側の立場を経験しているためである。選ぶ側の経験というのは，「調整」の過程をへて決定されるという事実を，身をもって目の当りにするということである。

第7章　ブラザー＆シスターの成立　　105

> **ヨシ**　　3回生のときの決め方はどうやったんかなあ。
> **みき（4）**　　3回生でどの先輩につくかって決めるときはつきたい先輩が何人もいて戸惑ったおぼえがあります（笑）．でも，私は二人の先輩につけることができたんですけど，就職活動とも平行して，先輩にちょっと発表準備のお手伝いができるか不安だったので，もともと一人って決めていて，一番内容とか興味があったありささんについた覚えがありますし，たしかなんか，取り合いじゃないけど（笑），定員オーバーでどうするみたいな話になったときも，私本当に子どもで，ゆずらなくて，その子どもみたいで，ゆずってもらった子にほんとに申し訳ないなって思いながらも，やっぱり，ありささんのシスターでよかったなって思います。

このように，「ゆずってもらった子にほんとに申し訳ないなって思いながらも」というように，3回生時にゆずる―ゆずられる，というやり取りを多くの場合目にしている。その様子について，文意を損なわない程度に改編しつつ，人名・数字は伏字にして紹介する。

> ここは人気があって，ぶわーって決まっていって…◇◇と△△がまだ一つも選んでなかったんですよ…で◇◇が□□の方の人行きますって，で田中先生が，ああそこねって，そこが一枠になって，で，ここも××が一人いったんですよ…いいよみたいな感じで，でラストこの○枠になって，で▽▽がじゃあそこ行きますってゆって…で残り○枠で…誰もいかんくて…でもそのときに，☆☆がじゃあ，なんかいいですよって言って，☆☆，めっちゃいい人で…。

ブラザーシスターの選択は必ずしもすべてよい形でまとまるとは限らない。それが表立って現れないよう，メンバー同士が円滑な関

係となるように裏方の調整役を引き受けた者がいる。ブラザーシスターを介した学びの場は，こうした成員の存在なしにはありえない。また，ブラザーシスターの決め方について，学生もさまざまに意見や考えをもっている。

> ヨシ　　ブラザーシスターの決め方について，今から言うと，こういう決め方がよかったとか。
> はるかb（4）　　なんかそうですね…もうちょっとなんていうか綺麗にまとまるあれはないんかなぁって，なんかすごいいいんですけど，その制度についてはすごいいいと思うんですけど，あの異様なちょっとなんていうか…人気があってこっちは行きたくないとか…なんか先生もこれじゃあ決まらないよみたいな感じで…決まらなかったらジャンケンにしたらとかそういうあれを先生がちょっといれてくれてもよかったんかなあと…。

はるかb（4）のように先生の側が主導的に決めてほしいという要望があれば，より踏み込んだ具体的な提案を述べる学生もいる。

> ゆうた（4）　　ゼミ合宿で発表した後とかでしたよね，ゼミ合宿終わってからでよかったかなって思います。ある程度こうかかわりが夜とかに結構話ができるんでそれが終わって，その選び方とかにもよると思うんですけど先輩たちの性格とかもわかると思いますし，それが終わってからある程度把握した後にすべての総合面で選ぶのもありかなって思います。

ゆうた（4）のように，ブラザーシスターとなる4回生のことをしっかりと把握してから決めたいので，合宿終了後に決める機会をもった方がよいのでは，という思いをもつ学生もいる。
また，はるかb（4）は4回生の研究内容を事前に整理し，それ

に基づきグループをつくっておき，ブラザーシスター決定の際にはそのグループを参考にしながら3回生が選びやすいよう示す，という案を提示している。

> **はるかb（4）**　いい制度やと思うんですけど決める時が，なんか自分がやりたいテーマをアンケートじゃないんですけど初めにとっていじめやったらいじめについてやりたいですみたいな。でそれで一応先生が振り分けるみたいな感じでつけといて。一応これで振り分けてみたんですけどでもこれは決まりじゃないですよみたいな感じで。でも自分の興味がある先輩のところについたほうが絶対いいじゃないですか。そうしたらなんかこことここはリンクしている気がするんですけどとか。まだわからない子とかもいると思うんですよ。いじめやけどいじめと引きこもりは違うかったりとか言ったり，じゃあ君はこっちの方がいいんじゃないんとかっていうのをやったりしても，参考までにっていうのをやっても。ほんじゃあ，まりちゃんとかやったら視覚やけど，視覚と違う人，違う人というか，こことここはよく似てるから…ここも同じような感じやできるんちゃうかなって…。それを事前に私等には知られへんプリントでもなんでもいいですけど，こういう枠組みで大まかに教育心理，発達心理，なんとか心理とかっていうのでわけて，この先輩らこういうのに興味があらはるみたいやで，みたいなんをやっといたら，じゃあ私こっちのほうに興味があるかもしれへんみたいなんで。そしたらこの先輩らの時はちょっとプレゼンよう聞いとこってなるかも知れへんし，その方がいいかなって思います。

もちろん，教師主導で決めてしまうことによって，「正統性」をもって選びにくくなるという懸念を示す学生もいる。

> **ともこ（4）** 決め方本当に難しいなぁと思うんですけど，でもただ単に振り分けてもらっても選ぶってなるから，みんな自分のこの人に行きたいってなってしまうんやったら予め先生が振り分けるとか，でもそうなってしまうと自発的じゃなくなってしまうんで。

このようにブラザーシスター制度のあり方に対してさまざまな考え方がある。

> **ともこ（4）** ブラザーシスターは楽しそうやなっていうのすごい今思っても思ってたなーって，振り返ってもあの時ブラザーシスターに憧れっていうかすごい繋がりがあるなっていうのが羨ましくて思われてたんで，今思ってもそうですね，当時の気持ちと変わってないですね…手伝いたいと言っていたんですけどこの時は先輩と仲良くなりたいっていう気持ちがめっちゃあったんで，すごい何でも言って欲しいっていう気持ちがありましたね。

ただし多くは**ともこ（4）**のように，ブラザーシスターという取り組みへのイメージや事前の先輩とのペア活動への構えが影響している。ブラザーシスターへの強い期待の表れとも言える。

では，ブラザーシスターというしかけをどのように考えていけばよいのか。そのヒントとなるような語りを紹介したい。特に，強い「期待」を持つ3回生に対しては，**なおき（4）**のような助言は参考になるかもしれない。

> **なおき(4)**　たとえば，15人3回生がいて15人4回生だったら，一対一じゃないですか，そうなったら，この人につきたい，ってちょっと難しいと思うんですけど，2人やとほんまにつきたい人についてあとは，まあ誰でもいいやあみたいなスタンスになるけど，一人の先輩に1年間つかないといけないってなると，もし，あんまり，つきたくないなってゆう人についたらしんどいと思うんですけど，まあ二人につけるってゆうので，一人好きな先輩につけたら，もう一人は普段しゃべらないような先輩についてみても，新しい発見があると思うから気楽についてもらったらいいかなって思いますけど。

ブラザーシスターでは「一人好きな先輩につけたら，もう一人は普段しゃべらないような先輩についてみても，新しい発見があると思うから気楽についてもらったら」というように，興味・関心の幅を広げてみる，という意見がある。また，ブラザーシスターの「区切り」に着目しながら，その見方を変える，という意見もある。

> **みき(4)**　なんかブラザーシスターの区切りってなんやろうとか思いながら（笑）。
> **ヨシ**　区切りってゆうのはどうなんかなあ。
> **みき(4)**　そうですねえ，ありささんともお話してて，最後の授業でも言ったんですけど，ゼミ長にとって，下の子って全員がブラザーシスターよねって話してたんですよ，で，私も，4回になって，はじめに，田中先生がいらっしゃらなくて（p.74の「2011年度」参照），4回も不安だっただろうけど，3回生もたぶん，先生と話してない子もいたやろうし，不安がってたやろうし，田中ゼミというものがわからない状態で前期を過ごしたと思うんですよ，そういう不安とかをちょっとでも取り除けたらと思って，3回生全員に，メールとかして，個人

> 的に，3回生にとっては迷惑だったかもしれないですけど，ほんとに自分のブラザーシスターになっちゃってて，全員が，なんか，今でもすごいちゃんと自分の将来みつけられるかなとか，大丈夫やろうなと思ってるんですけど，ちょっとなんか，なんやろ，親心じゃないですけど，姉心じゃないですけど，思ったりとか。

みき(4)が語るように「ほんとに自分のブラザーシスターになっちゃってて，全員が」というように，ペアの後輩だけが「ブラザーシスター」であるという認め方をこえ，ゼミ全体でブラザーシスターをつくっていく，という形で認識を広げていく，という発想を持とうとする提案である。ゼミの文化を検討する上でも，重要に思われる。

レクリエーション

ブラザーシスターが決定した後には，学生たちによる運営のもと，懇親の場が設定される。4回生の歓待を受ける3回生は次のように受け止めている。

> ありさ(3)　ゼミ合宿でやっぱり先輩方が優しくして下さって会話の輪に入れてくださったりとか，3回生の居心地が良いようにしてくださっていたのでそれが一番ですね。
> ゆき(3)　先輩達がそういう，なんかレクリエーション的な時間を設けてくれたことで，まぁ余計こう盛り上がりというか，仲良くなったかなぁというところがいいところですかね。

こうした場が，後期の活動で4回生と3回生との交流が円滑に進行するきっかけにもなっている。さきa(4)の語りにそれがあらわれている。

> **ヨシ**　気軽にメンバーに助けてもらうことはってところで。
> **さきa（4）**　もう，あります。助けられてます。たくさんあったし，教えてもらうことも。今の方が聞きやすいです。夏合宿でなんかけっこう3年次生ともいっぱい話せたし，先輩たちとも話せたんで，それがあったから，今聞きやすくなったのかなあって思います。
> **ヨシ**　こう振り返ってみるとどうやったりしますかねー。
> **さきa（4）**　そうですねえ，やっぱり夏合宿っていうのは大きかったなあって思って，ほんとにもう最初の方とか，あんまりゼミに行けてなかったしーなんかもうしょっぱな休んじゃってー，そのしょっぱな行けなかったから，こう乗り遅れた感じがあってーでも，その夏合宿で飲み会とかもあるしーゲームとかもしてるしーっていうのがあったんでー夏合宿は大きかったんじゃないかなあと思います。

さきa（4）のように交流の機会に恵まれない場合にも，合宿を通して話し合える場が設けられることで，以降の活動にスムースに参入することが可能になる。さらに，こうした場をこんどは自分たちもつくりたいといういう思いでもてなす側に回った3回生は，4回生に助言を求めるようにもなる。

> **ありさ（3）**　ともこ（4）さんにゼミ（冬）合宿ってどんな準備したらいいんですかねぇって聞いたりして。

以上より，協同による学びを展開するゼミにとって夏の合宿は一つの要となる行事として位置づけられる。

学びと「正統性」の認知・アクセスのしやすさ

　少し先を行く先輩のようになりたい，というのがＢ＆Ｓシステムでの学びの大きな動機づけとなる。

　こうした，「～のようになりたい」という，特定の存在・コミュニティへの同一化，参加が学習の本質であるという考え方を展開したのが Lave & Wenger（1991）である。学習は，表象や行為・現象間の関係についての「知識」を獲得することではなく，むしろ，本人が埋め込まれた（situated）状況（situation）をどのように認知し，どのようなものにアイデンティティを見出すのか，それに向かってどのように進むのか，ということを学習の本質と捉えている。アイデンティティはある共同体の活動のなかに埋め込まれており，そうした共同体に参加することそのものが学習だとした。

　すなわち，学び手が「正統性」（legitimacy）を認めたコミュニティおよびその成員の活動に「参加」（participate）することを学習とし，それはそのコミュニティの行っている周辺的（peripheral）な活動への継続的な参加によって行われるとした。まさに正統的（Legitimate）周辺（Peripheral）参加（Participation）としての学習（LPP）の捉え方である。

　この場合の学びの動機づけは，そのコミュニティの活動の正統性をどのように認知するか，周辺的な活動へのアクセスがどの程度保障されているかにかかっている。

　学びの動機づけに対する，コミュニティの正統性の認知ついては，そのコミュニティへの正統性認知の構成因として１）社会貢献感，２）利他性，３）積極的肯定感，４）自己成長の予感，５）安定感の５つの因子が見出された（田中・前田・山田，2009）。

　社会貢献感とは，その共同体やその構成員が公的な貢献をしていることを強く認知していること，であり，利他性はその共同体や仕事のもつ他者への貢献度を強く感じることであり，これらをまとめて，社会的に位置づけられた正統性の認知，といえるであろう。そ

第7章 ブラザー＆シスターの成立　113

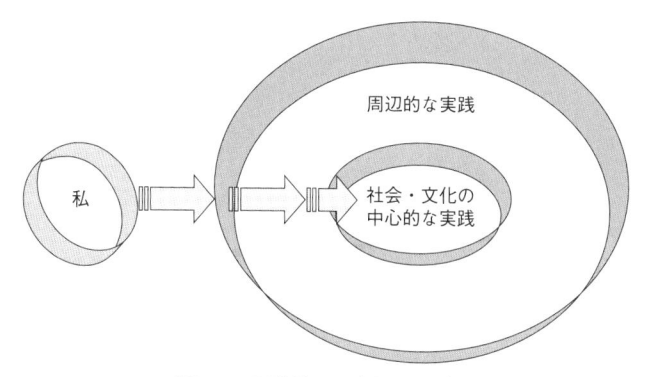

図7-2　正統的周辺参加のモデル

れに対して積極的肯定感とは，その共同体や構成員を個人的に積極的に肯定できる気持ちの大きさであり，自己成長の予感は，そこと関わることによって内的な報酬として自己が成長できることを予感させるもので，どちらかと言えば個人的に自己の立場からみた正統性の認知であるといえる。これらに加えて，安定感という，アイデンティティ達成には不可欠の要因についての認知があり，「正統性」を認知する，とは，こうした，社会的・個人的望ましさを感じ，そのことによって安心・安定感を得られる，そうした心理・社会的感覚である，と言えよう。

　もう一つの，周辺的な活動へのアクセスの保証とは，学び手がそうした正統性を認めた成員になろうとするとき，そこへのさりげないアクセスがどの程度保障されているか，という意味である。ゼミ活動でいえば，あこがれのブラザーやシスターに近づこうとする3回生に対して，いかに自分の中心的な重要な仕事をさりげなく垣間見させることができるか，また，そうしたさりげない活動を協同で「手伝ってもらって」行っているようにみせるか，ということがここでの「アクセスの保証」となる。

　気楽さと言う心理的アクセスのしやすさに加え，日常的にそうした，他愛ないが実は中心的な活動に結び付いている周辺的な活動

(調査票の配布の手伝いとか,発表でのパソコン設定の補助とか)に3回生がアクセスできるか,ということが実は学びの可能性を大きくしているのである。

Chapter 08
卒論の深化とゼミ発表

　ゼミ発表の準備を一つの教育的機会として，3回生と4回生とが互いに協力しながら学び合うことをトシは大切にしている。トシは後期の初回の授業で次のように学生に語っている。

> トシ：基本的に，ゼミ発表は4回生が中心になって，進めてください。そのときに，4回生にとって重要な概念ですね，それを3回生に調べてもらう。その内容は，4回生が使えるわけです。だから，3回生はものすごく大事なお手伝いをしていることになります。また3回生は，その過程で，その概念あるいは，尺度，同じものさしを自分が使えたり，その使い方もわかったり，そうしたメリットがあります。明日は我が身，ということですね。で，4回生からすると，3回生の指導をしながら，より深く学ぶことができます。（2010年4月6日）

　3回生と4回生が互いに協力しながら進めることで，互恵的な学びに向かわせるようにはたらきかけていることがわかる。ブラザーシスターによるゼミでの発表日程の調整場面においても，そうした学びへと向かわせる配慮がみられる。

> トシ：4回の人，リーダーシップとって，ここあいてるか，とかしてね，ちょっと時間かかるかと思いますので，3時50分くらいまでね。あ，個別にやった方がいいと思いますよ。

> **みき（４）**：4回が3回のとこにいったらいいんやね。いついけ
> るか，みたいな？
> **トシ**：今，ゼミ長が，最終の調整をしてくれていますね。3回
> 生が2回連続とならないように…過酷な要求ではなくて，
> 育てている，というつもりで一緒にやってもらったらと
> 思います。

このようにブラザーシスターによるゼミ発表においては4回生が3回生を「育てている」関わりとなっていることが期待されている。では実際，学生たちはどのような思いをもって取り組んでいるのだろうか。

3回生の学び

まず，3回生の学びからみていこう。3回生にとって，ブラザーシスターでの発表や卒論の部分的な手伝いは初めての経験であるが，そこから実に多くを学ぶ。3回生は4回生からの指導を受ける過程で，先輩の実際の作業をみることにより，4回生と3回生とが一緒に協力しながら作業するゼミのあり方がわかるようになっていく。

> **しょうこ（３）**　なんかブラザーシスターとか4回生とまじってやるゼミっていうのが珍しいみたいで，協力してゼミの合宿でも作り上げていくみたいな，先輩後輩が作り上げていくような感じかなって…まぁ今は本当に明確にちゃんと思うのはやっぱり協力して，やっていくっていう，ただ先生に与えられた課題を3回生がやるじゃなくて，協力してやっていくっていうのははじめのうちよりわかってきた感じです…4月とかはほんとすべてがはじめてやったんで何をしようも，なになに？　みたいな感じで，とりあえず周りを見渡してどうしよって感じやったんで，今は流れというか空気をわかってきたんで，周り見

てどうしよってきょろきょろするのはなくなりました。

しょうこ(3)が述べるように，3回生は4回生の手伝いをしながら協力するなかで，じょじょにゼミの実践への理解を深めていく。さらに，来年自分が卒論を作成する姿にも想像が及び，その見通しを持ち合わせながら，卒論にチャレンジする姿勢を学んだり，来年度にむけたブラザーシスターのビジョンを考えるようになったりするなど，次年度への構えが同時に形成されていく。ともこ(3)の語りがそれをよく示している。

> ともこ(3)　卒論に向けての具体的な考えとかいうのをちゃんと留めとかんと，来年大変なことになるっていう，そういうけっこう，あっこの1月までに出さなあかん，1月の8日に出さなあかんとか，締切りとか，卒論とかって結構2回とか，3回の初めとか漠然としてたけど，こんなふうにデータを収集して，こんなふうに…配りに行って，じゅんぺいさんとかの教示ビデオとかを作って，こう質問紙とかも自分で尺度とか作ってはったりとかで，作って，しかもなんかその辺の有意差とかもちゃんと調べなあかんくて，で，なんかあんましこう漠然としてたら，みんなに突っ込まれるんやーとか，なんかすごい，現実，その辺はブラザーシスターの先輩のやつを見れるから…早く卒論のテーマとかも考えといた方がいいんちゃうんみたいな考えて，で，尺度とかも色々，始めはなんかへぇーで終わってたのが，こんなんあるんやったら，自分こんなこと考えるんやったらこれ使ったらいいんかもなっていう。

このように，卒論作成の工程の一端を経験し，今後の具体的作業において予想される「大変」さを実感する。その大変さを知るからこそ4回生とのゼミ発表の場面などでは，先輩に迷惑がかからないようにしっかりと準備をしなくてはならないといった協同作業に対

する規範意識を次第に形成するようにもなっていく。**はるかb（3）**の以下の語りにも，それが示されている。

> **はるかb（3）**　卒論の手伝いとかはもうなんか私のじゃないから，先輩のやからこれは絶対に，そのなんかなんてゆうんですかおろそかにして後にどたばたやったら申し訳ないなっていうのがあって，結構だいぶ前から本を借りたりして読んで自分なりにまとめたりしてっていうのはちゃんとやってたと思うんですけど…ある程度しっかりするじゃないですけど，なんか任せられているからやらないと，（4回生から）「えっこんなんで」って思われるのは嫌なんで（笑）。

こうした過程を経て，3回生は4回生から頼りにされる嬉しさを知り，4回生の力になろうとするため，自ら考え行動するといった経験を身につけていく。

> **さきb（4）**　先輩とのコミュニケーションのとり方だったり，どうやって一緒に仕事を進めていくのかっていう，なんか，先輩が主なんで，助けれたらいいなって立場やったんですけどー，どうやったら自分は力になれるのかって，考えて行動するっていう，ことは勉強なりましたね。

上記の**さきb（4）**による3回生時の活動の振り返りのなかでも，4回生とのやり取りから学んできた様子が読み取れる。とりわけ，ゼミでは必ずしも先生の側から教えてもらえるわけではないことに気づくことを通して，ゼミにおける学びに対する見方（学習観）を新たに更新していく点は，学びに向かう主体性の形成において重要と考えられる。**ゆき（4）**はそのことについて，次のように触れている。

第 8 章 卒論の深化とゼミ発表　119

> **ゆき（4）**　もっと深く先生がこういうことやでぇってって教えてもらえるのがゼミやって思ってたんですよ…じゃなくていきなり自分で調べて発表とか，先輩たちも卒論をそのまま進むところをもうグラフに出してとかって発表してるじゃないですか，それが意外やったかなぁって。

　以上のように 3 回生の学びは，4 回生との協同的な活動に参与するなかで，見通しや構え，規範を形成し，その結果，さまざまな経験や気づきを得る，という形で構成されていくのである。

4 回生の学び

　次に，4 回生の学びをみていこう。4 回生はかつて自身が 3 回生であった頃，過去にペアで活動した「4 回生」とのやり取りを思い出しながら，ゼミ発表に臨む。去年の先輩たちのレジュメをみながら 4 回生の進度と比較したり，卒論の書き方や書く分量などを参考にする学生は多い。

> **さきa（4）**　去年の先輩とかの発表とか見てて，自分たちの学年と比較したら，やっぱり先輩たちの方がなんか，すごいなあと思うんですけど，…この時期の先輩たちのレジュメ見たら，うわ，なんかあっもうこんなとこまで進んでるんやっていう。そういうの話してて，うちら進んでないねーみたいなって言ってたんですよ。なので，なんかちょっと頑張らんといかんねっていう話もしてたんですけど。

　さきa（4）の語りにあるように，学生たちは去年の 4 回生のやり方に基づきながらも，そこでの教訓を活かし，過去にペアで活動した 4 回生を参照対象として位置づけて学ぼうとする。また，去年

の4回生から優しくしてもらえたり，緊張を強いられたりりることなく作業をさせてもらえた経験などを情緒的なリソースとして活用し，4回生は，去年の4回生をある種のモデルとして比較・参照するかたちで協同的な学びに向かっていく。

> さきb（4）　私が先輩にしていただいたようにっていう自信はないんですけど，ただー，その資料をちゃんと用意してもらって自分がどういうことを発表したくて，どういうことを卒論にしたいのかっていうこともちゃんと趣旨も伝えてー，でー資料もちゃんと線も引いてここ重要やからここを重点的にとか伝えたりとかしたんで，だからーその先輩と同じようにできたかどうかはわからないですけどー，できるだけ私が先輩に優しくしてもらったように私もできたらいいなあと努力はしました。

4回生はさまざまな形でかつての経験を活かし，ゼミ発表に臨むが，一方で，さきb（4）のように3回生とのやり取りを経てさらに深い学びへと向かうようになる。たとえば，自身の卒論を手伝ってくれる3回生のために自らの課題にしっかり向き合いたいという形で動機づけられたりする様子が，次のさきb（4）の語りからも読み取れる。

> さきb（4）　こんな私のために調べてもらって，申し訳ない，ありがとうっていう気持ちでいっぱいなんで，あのー，私もちょっと見習わないとなあって思って，ここまで，やってくれてんねんから，自分がちゃんとした論文書き上げんと，失礼やんっていうのは，ありますね。

また，じゅんぺい（4）が語るように，卒論を閲覧する後輩のためであるとか，3回生に卒論を見せるといったことで，3回生からのまなざしを意識し，「やるからには」「形ちゃんとしたやつ残した

い」という思いが芽生えてくる者もでてくる。

> **じゅんぺい（4）** 先生がたとえば，後輩で似たようなことしたいって考えた子に何か前にKって子が似たようなことやってたから参考にしてみたらみたいな感じで－，それは最後まで心のどこかにはありましたね，やっぱやるからには多少形ちゃんとしたやつ残したいなってゆうのは，はい，ありましたね。

4回生はかつての4回生との関わりを思い出し，また，3回生と直接的にかかわり合いながら，学びへ向かっていくのである。

最後に，こうした4回生の学びへの志向をへて，3回生とのやり取りのなかで具体的に何をいかに学んでいくのかをみていこう。まず，3回生とのやり取りを通して，断片的な知識を後輩に伝えながら結果として卒論の内容についての理解を深めていった**ちさ（4）**の語りをみてみよう。

> **ちさ（4）** あんまり細かくはできなかったんですけど，メールで，こうこうこうこうってひたすら（笑）。で，それをシスターに送るなかで自分もやっと理解できた面もあるんですよ。シスターに送れるように，こうがんばって，わかりやすく説明してるうちに，自分もわかってきた。頭で思ってたことが整理されてきたっていう…シスターの発表を聞いてるうちにも，自分の軸がやっとはっきりしてきた，卒論内容においてですけど，卒論内容の自分の軸がわかってきた。だから，よう知らん定義なんかとかがでてきたりとか，どういうふうなことを，調べようとしてるのかがやっとわかってきたかなあって（笑）。

3回生に「メールを送るなかで自分もやっと理解できた」という語りや，「頭で思ってたことが整理されてきた」，「卒論内容の自分の軸がわかってきた」，あるいは「知らん定義なんかとかがでてき

たりとか，どういうふうなことを，調べてようとしてるのかがやっとわかってきた」というように，3回生とのやり取りを介して卒論の学びが深まってきたと振り返っている。また，3回生，4回生のそれぞれの立場を経験することによって，3回生に指導する経験を改めて振り返る際に，はじめてかつての4回生の思いを想像し，新たな気づきへと至る学生もいる。**はるかb(4)** の語りは，そのことをよく示している。

はるかb(4)　先輩らがあんま指示出してくれへんって思ってたんですけど，出せへんなって言うのがよくわかりました，なんかもっと言ってくれたらいいのにってめっちゃ言ってたのに，結局自分もやっぱり同じような感じになってしまったなって言うのは，なんかどう，自分もどうやったらいいのかわからないのに言えないっていうのがあって，やっぱりそういうあれやったんかなぁっていう先輩の気持ちがようやくわかったって感じです。

こうして，4回生は3回生に教えるという経験のなかで自らの卒論について理解をより深めていき，協同することへの新たな気づきを得る形で協力の仕方やその重要性をより深く学んでいくのである。

協同での学びにおける「矛盾」

これまで，3回生と4回生の間での学びのプロセスに注目しながら，ゼミでの実践への参加の過程をみてきた。一方，必ずしもこうした一種のモデルとなるようないわば協同的な学びに至らないケースも存在する。3回生と4回生のやり取りには「矛盾」もまた常に生じる可能性をはらむのである。ここでの矛盾とは，たとえば，両者のやり取りにおいて，3回生の立場からすれば，4回生に自らはたらきかけることに差し出がましさを感じて躊躇していたり，逆に

4回生の立場からすれば，忙しい3回生に作業を手伝うように依頼することに対して躊躇するといった類のものである。**ともこ(3)やはるか(4)**は，言葉を選びながら，次のように語る。

> **ともこ(3)**　　自発的にうちらが先輩らのためにって思っても，先輩らからはたらきかけてくれるのをやっぱちょっと待ってしまうし，なんか，差し出がましいかなみたいな思ったりとか。
>
> **はるかa(4)**　　やっぱり4回生がメインでそれを手伝うのが3回生の役目だと思うんですけど，難しいですね，4回生になったらなったらで3回生はでもプライベートがあるし忙しいだろうしって思ってどこまで手伝って欲しいって頼んだらいいかもわからないし…快く手伝ってくれるんやったらいくらでも手伝ってもらうことがあるけど，無理させてまで手伝ってもらうことじゃないって…それでゼミがしんどくなってもかわいそうやし。

また，トシも述べているようにブラザーシスターの活動では4回生の側のリーダーシップが問われることになるが，**しょうこ(4)**のように自身が過去に関与した4回生と比較することによって去年の4回生のように丁寧に協力体制を築くことができないと考えている場合があるし，**めぐみ(4)**のように逆に現在関与している3回生と比較することによって後輩の方がしっかりしているので指示することができないと考えていることがある。

> **しょうこ(4)**　　自分の見本ってゆうのが，その一個上のともこ先輩が，ほんとにすごいその発表とかでもメールで細かくこうゆう段階で調べてくださいみたいなことをメールで教えてくれたんで―自分も絶対そうしよって思って―，去年もらったメールも保存しておいてあったんですけど―おいてあるんす

けどーなんかちゃんとその先輩みたいになんかちゃんとやるぞーって思ってたんですけどー全然実際できなくてー…あらためてそのともこさんがすごかったんだなあってゆうのを感じてってゆうなんか反省ばっかりの発表でした（笑）。

　めぐみ（4）　前はもうなんか言われたままやる感じやったけど，今回はもう自分が言わなと思ったんですけど，全然3回生の方がしっかりしてて，もうなんか思った以上にやってくれて，なんか，だからもうみゆき（3）さんの発表聞いても，うち全くわからへんみたいな感じで。

　つまり，ペア発表での協同的な学びでは，4回生と3回生のそれぞれが，互いの立場や事情を相対的に比較・参照し合うことによって，その活動を十分に全うできないという事態に陥ることもありうるのである。その意味では，協同に伴うこうした事態は，4回生，3回生の両者によって構成されている場合があるため，4回生，3回生のどちらか一方が協同的な学びおける「矛盾」を発生させているわけではなく，むしろ，4回生，3回生のあいだで協同できないという事態が生じうるという点に留意することが重要といえよう。

　さらに，ペア内の関係のみならず，ペア間でもこうした「矛盾」がみられる。たとえば，一人の3回生が異なる三人の4回生につくケースがありうる。たとえば，**さとみa（3）** は，**えりな（4）**，**たく（4）**，**まさのり（4）** の3人についていた。**さとみa（3）** は「私が三人ついて発表してくれるからって気を遣わせてしまって」と語っており，実際依頼された作業については「簡単」なもので，「先輩とはかかわらなかった」と感じていた。つまり，多くの4回生についていたことから4回生への関与の機会自体は多くなっていたにもかかわらず，そのことがかえって4回生に「気を遣わせてしまって」，**さとみa（3）** にとっては作業負担量を先輩から配慮してもらうという形となり，結果としてペア活動に深くは関与できなくなってしまっていた。このことは，「自分のことでいっぱいいっぱいになり

そう」というさとみa（3）自身の次年度への活動の見通しに対する語りからも推測できるが，ペア同士で作業の負担に偏りが生じてしまう場合，その負担を低減させる力学がはたらくことによって，結果として学びの機会が低まるといった構造がゼミ制度の背景にあることがうかがえる。実際それはえりな（4）からの，さとみa（3）への依頼作業のあり方のなかにも見て取れた。えりな（4）が「発表内容が他のペアと重複している」ことから「さとみa（3）さんに何も言えない」と述べているように，そもそも3回生に調べてもらう内容そのものが他のペアと重なってしまうことで，それとは異なる別の「簡単」な依頼に留まってしまうという場合もあった。

> **さとみa（3）** （4回生とのやり取りについて）私が3人ついて発表してくれるからって気を遣わせてしまって，それで，自分にやりやすいように言ってくださったんですよ，写真ともデータとか送ってくださって，その発表してねってゆうのもワードでばーって打ったやつを送ってくださって，でほんとに私はそれをパワーポイントで，まとめて発表しただけっていう，本も，文献も読んだんですけど，簡単ってゆったら失礼ですけど…比べたらだめだと思うんですけど，さおりさん，ありささんの話とか聞いてたりすると，金曜日の終わった後とか集まって，そんなことするとこもあるんやあって，なんか違いは感じましたね，私は先輩とはかかわらなかったんで…自分では上と下のからみとかもっとあったらいいなとは思うんですけど，実際できるかとなったら，同じようになりそー（笑），やっぱり，自分のことでいっぱいいっぱいになりそうとかもあって
>
> **えりな（4）** （3回生への依頼作業について）いざ自分のを振り返ってみると，自尊感情，みんなやってる（発表内容が他のペアと重複している）…やばい，これ，**さとみb（3）** ちゃんと**さとみa（3）** さんに何も言えない，自尊心調べてねって，みんな調べてるよって。

こうしたことから、学習の機会となりうる4回生への関与が一見増したようにみえる場合であっても、これまでの事例でみてきたように、4回生による「配慮」から3回生の学びの中身自体がかえって希薄化するという矛盾が生じうるのである。表面的にはペア編成のあり方が協同の深さに影響すると言えるのだが、ペア同士・ペア間の分業の有り様にまで視野をひろげてそのやり取りを詳細にみれば、そこには彼方立てれば此方が立たぬ、といった学びの「矛盾」が常にはらまれているのである。

4回生同士の学び

これまでは3回生と4回生の関わりとそこでの学びのプロセス、及びそれに伴う矛盾の様相をみてきたが、4回生同士による卒論作成の様相とそこでの学びを最後に紹介しよう。

卒論作成も佳境に入った4回生たちは例年11月から12月にかけて最も慌ただしくなる。第三実験室に据えられたパソコンには他のゼミの学生を含め多くの学生が殺到する。

> **みお（4）** パソコン並べて一緒にやってるーうちに、やっぱ、んー、一緒に書きあげたいじゃないですけど、なんか、一緒にやってるし、一緒に達成感感じたいし、だから、なんか、めっちゃ焦ってますけど、なんか聞かれたら行くし、教えてみたいな感じになるしー、んー、なんか一緒にやりきろうぜ（笑）！　みたいな（笑）、熱い感じになりました。
> **ヨシ**　ぎりぎりなって熱い感じになるよね。
> **みお（4）**　そう、みんなが卒論のことしか考えてないじゃないですか、その時期だけは、だから、なんか、めっちゃ共有できたしー、それが余計なんか。

集団としての実践する様子がみお（4）の語りによく表れているが、

あけみ（4）も，4回生同士での卒論を助け合いながら行う様子について，次のように語っている。

> **あけみ（4）** 12月のあのーみんな分析始めたときくらいからみんなやっぱり意味わからんようになってきて，聞かなわからんし助け合わなって，でさおりんがいてくれて，さおりんどこいるとか，ちょ一緒に文献調べに行こうとか，学校来たら誰かいるみたいな，やってました…後期入るくらいからもう，みんなで，助け合って頑張っていこうって，特にさおりんが言ってましたね。

そして，実験室の中にある卒論の収納室にも学生たちは頻繁に出入りする。それは，過去の卒論がそこにはアーカイヴとして保存されており，閲覧・貸出が可能になっているためである。卒論がどのようなルートで貸出されているかに着目をしてみると，自身で卒論を借りに行く学生，トシの指導・助言で借りに行く学生もいるが，多くは4回生同士のやり取りによって卒論を参考にしていることが多い。たとえば，普段から親しい関係にあった，**りな（4）**と**ひろみ（4）**のやりとりを取り上げてみると，**りな（4）**は，「**ひろみ（4）**が**さり（4）**さんのシスターやって，で私が有意差でなかったってひろみ（4）に話をしてて，で**さり（4）**さんもでなかったでって聞いたんで」と語り，一方の**ひろみ（4）**は，「**りな（4）**から聞いてたんですけど，最初みゆきさんのだったらけっこう見出しとかわかりやすく書いてるからいいよって聞いてたんで，借りました」，「先生からはあんまり言われなかったですね」と語るように，互いに4回生同士で卒論の貸し借りをしながら卒論の書き方に関する情報を交換しながら学ぶ場面も多くみられる。

> **りな（4）** 私けっこうさりさんの卒論みてたんですけど，卒論の大まかな書き方ってゆうのも参考にさせてもらいました

し，私有意差でなかったんで，でさりさんも有意差でてなかったとき，どうやって書いたらいいんやろうってゆう，考察の，でそれもちょっと参考にさせてもらったり

　ヨシ　　有意差でなかったときってどんなふうな書き方やった。

　りな(4)　　やっぱりその差がでなかった原因ってゆうのを自分なりに理由を書いてはって，反省点かいてはって，改善点，今後ってゆう感じで

　ヨシ　　どんなふうなことでみるようになったんかなあ

　りな(4)　　**ひろみ(4)**がさりさんのシスターやって，で私が有意差でなかったってひろみに話をしてて，でさりさんもでなかったでって聞いたんで，参考にしようって思いました。

　ヨシ　　先輩の卒論と比べたりとか，内容とか。

　ひろみ(4)　　そうですねえ，うーん（笑）最初の書き方として，みゆきさんの借りて，書き始めてたんですけど，ああこっちの方がいいって思って，はい（笑）…キーワード一緒ってゆうのがおっきかったし，おっきかったので，考察とかもどう書いていってるのかなとか，結果とかもどういう順番でのせていってるのかなとか…最初のみゆきさんのは，**りな(4)**から聞いてたんですけど，最初みゆきさんのだったらけっこう見出しとかわかりやすく書いてるからいいよって聞いてたんで，借りました…先生からはあんまり言われなかったですね。

このように共同実験室や卒論収納室で互いに学び合うことが可能な環境のもとで，学生たちが主体的にそうしたリソースを活用し合い，助け合う様子がみてとれる。もちろん，そうしたはたらきかけが可能になるようなトシの学生への配慮があるわけであうが，こうしたトシの配慮に気づき，自ら率先して他の4回生を気遣い，協力の手を差し伸べる学生がいる。**ともこ(4)**もその一人である。

> **ともこ（4）** すごい私はなんか結構先生にこまめに今ここまでやっていますみたいな言ってたんですけど，他もうあんまり進んでいない子の心配すごい先生がしているのをみて，大丈夫なんって声かけたりしたんですけど，その姿をみててあぁ先生なんか，あでもあんまり口うるさく言わないんで信じつつもやっぱ心配になるなって，でもやっぱ最後にはあんまり手を出さずに自分の力でさせたいっていうそういうなんか本当にお父さん的な見守り方が素敵やなって思いながら，（個研で）田中先生心配してたでってみんなに言って，マジでちゃんとやるわぁみたいな。

 こうしてトシによる指導・助言を代替する役割を担う者が必ず例年一人ないし二人はでてくることも，このゼミの大きな特徴である。
 このように，3回生と4回生のつながり，4回生同士のつながりがうまく折り重なり合いながら，ゼミの学びは形作られていくのである。

ピア活動とブラザー＆シスター制度

 本章では，日常的な学びの場としてのゼミでの発表を準備する様子を詳細にながめてきた。基本的にはB＆Sでの，異学年での協同の学びであり，さらに文化の中心を担う4回生同士の学びの姿，さらにはそれらを演出するディレクターとしての教員のかかわりにも触れてきた。
 ここでは特に，B＆Sシステムにおける4回生，3回生，あるいは，学年を問わずその認知的レベルの違いがどういう役割を担っているか，ということについて考えてみよう。
 ここでの「卒論執筆・完成」という場は，問題解決場面の1つの典型的な場面である。

初期状態（Initial state: I）として，3回生の，ゼミに入ったばかりの，何もわからない状態の自分がいる。目標状態（Goal state: G）としては，4回生で卒論を書き終え，提出し終えた自分がいる。そのギャップは埋めがたいほど大きなものであるが，さまざまな方法・手段・操作（Operator: O）を用いてそのギャップを埋める努力をする。これが学びの過程である。その際，どのような手を用いてもいいわけではなく，オペレーターには一定の制約条件（Restriction: R）がある。制約条件の代表は代筆や他者の論文の盗用・剽窃，データの捏造，さらに卑近な例でいえばルールを無視したコピー＆ペースト等である。

　いずれにせよ，こうした問題状況のなかで，適切なオペレーターを用いて初期状態を目標状態に代えていくことが要求されている。目標状態と初期状態には大きな乖離が生じている。

足場架け（scaffolding）

　そうした乖離を埋める方策を表す概念に「足場架け」というものがある。建築現場で2階，3階の外壁の塗装をしようとしたとき，そこに至るための「足場」をつくる。その足場をもとにして，目指す場所に至る。

　そうした足場には，もともとここに到達させたいということで計画的に架けられたものと，その都度，機を見てアド・ホックに架けられたものとがある（Pritchard & Woollard, 2010）。あらかじめ配置された授業カリキュラム，教材や教具，マニュアル等はそうした計画的な足場として機能し，ゼミでの諸活動は後者の足場架けといえる。

ピア（peer：仲間）の存在

　そうしたゼミの構成員（仲間，という意味でピアと称する）には複数の学び手が存在する。それらはそれぞれの個性を持ち，理解の早い者・ゆっくりな者，特定のオペレーターの使用に慣れた者・不

慣れな者、とさまざまな者がいる。こうした多様性がゼミを構成している。トシのゼミでは、3、4回生という2つの学年が混在しているので、その多様性はさらに大きなものとなっている。そうした、一つの共同体に存在するピアの、知識やスキルの獲得状況・運用可能性を階層的にみていくと、次のように区分することができるであろう。すなわち、初学者、学習者、ピア・シニア、ピア・マスターの4種類である（Pritchard & Woollard, 2010）。

　例えば、心理学における統計手法の活用、で考えてみよう。「初学者」は、統計的手法を理解するのに必要な論理や数学的なセンスに欠けるものでリメディアル（補償）教育の必要なレベル、「学習者」が、まさにこれからさまざまなことがらを学んでいこうとする、それが可能なレベルの大多数の者、「ピア・シニア」が、「学習者」より少し先に進んで、「学習者」の足場架けの役割を少し務めることのできる者、「ピア・マスター」は、当該のことがらについては教師と同じくらいの力量があり、十分な足場架けのできる者、と定義しよう。

　こうした、教室の仲間の、当該の学習内容についての認知的な階層性は、いわゆる個人の安定的・固定的な能力・資質を示すものではない。あくまでも当該のことがらについてであり、あることがらのピア・マスターが別のことがらでは初学者のレベルであることも、その逆も十分にありうる、ということに注意しておきたい。

　重要なことは、この階層が、ゼミでの学び手という意味では基本的に「仲間」であり、大学教員と学生、小中高教員と児童・生徒の関係のような、分離された、固定的な関係ではない、という点である。さらに言えば、こうしたピアの関係性の中で、互いの学びの足場になったりなられたりすることが可能であるという教育力を持っているということに着目したい。計画的な足場架けとして活用しようとすれば、これらが混在する小集団を作って学習活動を行えばいいし、アド・ホックな足場としての活用は、教室内での自由な行き来、自由なディスカッションを保証すればいい。

トシのゼミでは，B＆Sという形での制度的な足場かけの場，本章での学びの紹介に現れたようなアド・ホックな足場として機能している。

ブラザー＆シスターの本質

ここまでで，ゼミでの学びをサポートする可能性のあるゼミ内の人的資源の姿がみえてきた。

一つは，同じ学びを共有している仲間が，そこでの認知的到達度を互いが自覚し，高め合う，という姿である。ピア・マスターやピア・シニアが同じピアの学習者・初学者の援助をする。これは，同輩の中での他者の学習支援の姿であり，共感をもとにした自発的・自主的な援助活動が展開される。**ひろみ(4) やりな(4)，ともこ(4)** の語りの中にそうした面がみられる。

もう一つは，本来の学びの場を異にする者が，かつて自分の辿ってきた径路（学びのトラジェクトリー：田中，2004）を辿っている者に対する援助である。制度化されたB＆Sの姿である。この場合，4回生は，去年ついた先輩の苦労を身しみて感じ理解し（既に卒業した先輩の，不在の語りの理解）ており，また，現在の自分が進むべき方向についての理解（目標状態の理解）もあり，そうした中で行き先のみえない3回生（初期状態）が，どういうことをすればいいのか（オペレーター提示）のモデルとなって実験室で協同の作業をしている。

ナナメの関係の活用

このようにみてくると，B＆Sシステムでの4回生の役割は，初期状態の3回生がやがては卒論完成という目標状態に至るための重要な足場となっていることがわかる。それは，トシのゼミにおいては一種「制度」としているが，学生たちの語りにみられるように，自発的な学びの姿のあらわれであると考えることもできる。初期状態としての3回生の認知的レベルと不在の語り（かつて自分がつい

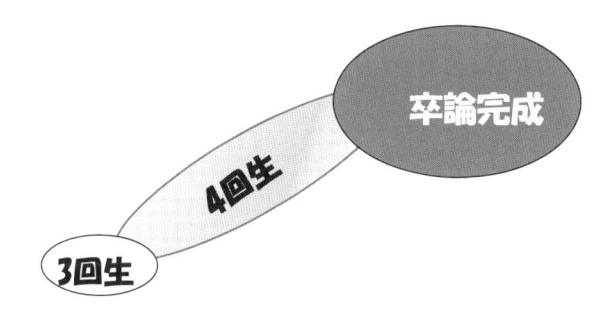

図8-1　Ｂ＆Ｓシステム

ていたＢ＆Ｓとの関わりの記憶）でみえている卒論完成という目標状態のかけ橋として斜めの関係になっていることをその本質とする存在と考えることができる。

Chapter 09
別れ

> 茶話会の風景

　授業最終日に行われる茶話会はゼミの世代交代が象徴的に示される節目となる行事である。トシは4回生全員の卒論が提出されたことを確認すると，4回生に次のようなメールを送る（図9-1）。

　トシのメールでの告知によって，学生は改めてゼミが終了することを実感する。

件名：祝！全員提出！！
みなさん，全員今日出した，という確認のメールをもらい，これで田中ゼミ全員，約束通り初日に全員提出，となりました。お疲れ様でした。… 10日は，例によって，4回の惜別の「遺言」を準備しておいてください。

1．ゼミ開始までの思い出
2．ゼミが始まってからの生活
3．今後の進路（詳しく）
4．同期に残すことば
5．後輩に残すことば
6．B＆Sへの惜別のことば
7．その他，なんでも

ということで，1人最大5分（大体3分くらいで）のスピーチ用意してください。充実した最終日にしましょう。

図9-1　ゼミ生宛てのメール（2012年1月6日）の一部を編集して掲載

> **みき(4)**　先生からあれしゃべってくださいってメールがまわってきたときに，後からすごいセンチメンタルになってきて，これで最後なんやって実感させられて，合宿でさらに仲良くなってからの，授業がなくて，卒論がなくて，4回同士は良く会ってたり，ブラザーシスター同士でご飯とか食べに行ってたりもしてたんですけど，学年でわって集まれるのが最後ってゆうのを実感して，余計，Sからの着信履歴とかをみたら，ああSも，同じこと思ってるんやあとか（笑），そういろいろ思って…ああゆう，ちゃんとはい，ありがとうとか，自分が伝えられる場がないと，なかなか照れくさくて，言えないので，あの場はよかったなって思います。

多くの学生が述べているが，茶話会は，「ありがとうとか，自分が伝えられる場がないと，なかなか照れくさくて言えないので，あの場はよかった」と**みき(4)**が語るように，感謝の気持ちを伝えることができる場となっている。また，**さおり(4)**のように3回生にとっても茶話会という場があることで次に新たに参入する「3回生」に対して何かを残してあげたいという気持ちがわくのではないかと考える学生もいる。

> **さおり(4)**　なんか他のみんなもすごい後の後輩にすごいことば残してあげたりしてて，んーそれでなんか3年次生も，今の3回生も次4回生なったら後輩に残してあげようみたいな気持ちも高まったんじゃないかなあと思うんで。

こうした4回生からの「遺言」は3回生自身にとって，どのような意味をもつのだろうか。**さおり(4)**は，4回生のゼミへの関わり方や卒論に対する思いに触れることができた経験を印象深いものと捉えている。

> **さおり（4）** 去年は先輩たちのこう話を聞いて，なんか，こういうことを思ってはったんやとか，そんなになんか普段接しているだけだと，なんかゼミの関わり方であったり，ありささんとかも就活最終面接，ゼミの日はのけてもらってたとか，ゼミに対する思いもみえてきたり，また卒論に対する思いとか。

また，なおみ（4）も，当時の茶話会の印象を次のように語る。

> **なおみ（4）** 締めくくりとしてああゆう場あるってゆうのは大事やと思うし，3回生と4回生も全体でみんなに伝えれることって，個々に伝えられるああゆう場はすごい大切やと。
> **ヨシ** 3回生のときは覚えてる？
> **なおみ（4）** ああけっこう，先輩の進路とか聞いてあーって，で，就活もけっこうシビアやし，聞けなかったし…4回生同士助け合ってたんやなあって。

このように4回生が直面する苦悩やそこでの助け合いの様子について茶話会を通してはじめて知る機会がもてると述べる3回生は多い。なかには，ゼミの運営をこんどは自分たちが引き継がなければならないと責任を感じる者もいる。

> **ありさ（4）** 4回生の1月の授業で最後で，それ以降は私たちがやっていかないといけないとってゆうので，しっかりしないといけないなってゆうのを考え出しましたし…やっぱり，（先輩たちが）ぬけていくってことで自分たちがしっかりしないといけないという意識だったりとか，そのやっぱり入ってきた3回生にとっていいゼミでありたいから，そういう意味で役職につかせていただいているからこそ，私自身がしっかりしないとけないとかそういう気持ちですかね。

ありさ(4)のように，例年役職（ゼミ長・副ゼミ長）につく者は，「3回生にとっていいゼミでありたい」というように，まだ参入しない3回生を想像しつつ，「しっかりしないといけない」という規範意識を持ちあわせ，次年度のゼミへと備えるようになっていく。

また茶話会では，一つの慣習が維持されている。それは，ゼミ活動で適宜撮影した写真を編集して一つの映像作品として作成し，その作品を最後にゼミで鑑賞するというものである。

> **なおみ(4)**　　今年も，スライド作ったけど，去年のなかじーさんのスライドつくってみて。
> **ヨシ**　　なおみちゃんがつくって。
> **なおみ(4)**　　そうですそうです。
> **ヨシ**　　それはやるって思って。
> **なおみ(4)**　　パソコン強い人やってってゆってたんですけど，最終的に私やるわーってなって，写真みんな送ってって。
> **ヨシ**　　すごいなあ。
> **なおみ(4)**　　そうなんです（笑），なんか先生にも協力してもらってー。
> **ヨシ**　　去年の参考にして。
> **なおみ(4)**　　私そこですごい泣いた記憶があってーやりたいなあって思って。

なおみ(4)のように，3回生時に茶話会でのビデオ鑑賞の体験をよいものと実感し，自分たちの代でもやっていきたいという思いが芽生え，それを実践する者が例年でてくる。結果としてそれが数世代にわたり実践されてゆき，ゼミの一つの慣習を形づくることになっていた。

ブラザーシスターとゼミの振り返り

　これまでみたように茶話会はゼミでの経験を共同的に回想する場であると同時に，ブラザーシスターとゼミ活動の思いが最も印象的に語られる場でもある。**さえみ(4)** のように，大学のゼミという場のなかで得られたものについて，ブラザーシスターの先輩後輩関係に言及しながら語る者が多い。

> **さえみ(4)**　田中ゼミじゃなかったらこんなに，なんか横のつながりしかできなかったと思うんですけど，先輩とか後輩とか私は縦のつながりができたことがそれが良かったなあって思うのと…ブラザーシスター制度があるおかげで，仲良くなれる機会ってゆうのがすごい大きかったので，やっぱり，後輩の子ってもうそんなに出会うことってないじゃないですか，先輩もですけど，そういうところでゼミで出会えたってゆうのが良かったってゆうのと，先輩も後輩もですけどしっかりした方ばっかりで，自分もちょっと成長できたのかなあって，田中ゼミじゃなかったら，そうですね，ゼミ合宿の思い出もないままのゼミで，終わっちゃうのかなって思ったら，すごい大学生活で濃い部分をおくれたかなあって思います。

さえみ(4) のように，ゼミで得られたことについて，先輩後輩関係のなかで自身が成長できたと語る学生は多い。そして，茶話会を通してゼミのこれまでを振り返ることでブラザーシスターとゼミの活動との関係がはじめてみえてくることがある。**ひろたか(4)** は次のように語っている。

> **ひろたか(4)**　だからほんまにブラザーシスターで，メインになるんって4回やと思うんっすね，3回のときは4回生がわあすごいなみたいな，うん，でそれに負けたくないなあって

> ゆう気持ちがあったりして，で3回同士も仲良くなろうやあみたいな感じになっていくんすね．4回が仲良いと，3回も仲良くなろうやあみたいな．で，それでブラザーシスターってゆうのが，3回と4回をつなぐ架け橋なんかなあって．うん．で．4回生の雰囲気とかってゆうのを3回生が一緒にいるだけで，こう，引き継いでいくみたいな…で．3回が4回にあがったときに，関係が構築されてるし，すごい仲良い，あったかい，ね，感じになりますし，でまた全然知らん3回が入ってくる，で，それが，流れ作業のように，いってるんじゃないかなって，田中ゼミって．

ひろたか(4)が述べるように，卒業を前にようやく全体像がみえたことで3回生と4回生の関わりとその世代交代を前提としたうえでのゼミの雰囲気が維持される過程について，理解できるようになる．そして，このように振り返ることそのものが，自分自身の変化に気づく契機にもなっている．

> **ひろたか(4)** 自分自身が4回なったときに，ほんまに3回の前でうまく話したり，できるんかなってゆうのも，すごいおれは不安に感じてましたね，ほんま結局のところなんてゆうんすかね，場の雰囲気なんすかね，そのなんか，自分がしゃべることがそれてたとしても，めっちゃ冷たい目でみられるわけじゃないし，やっぱあったかい空気のなかでいるから，自分もぼけられたり，うん，調子乗ったりできるってゆうのもありましたから，それが3回同士のなかで3回のときに，築きあげてきたものなんかなってゆうのも感じましたし，それがあるから，別に4回になって，不安もあったけどへんなことしゃべっても，4回は，後ろで聞いてくれて，あったかいめでみてくれるから…だからほんまに雰囲気なんかなって，それをやっぱつくっていくんは，まあほんまに4回なんかなあ．3回の間で，その友

達同士を構築していく，ってゆうか，で4回になって，雰囲気ってゆうのを全員でつくっていくんやなあって，ってゆうのは，すごい思いましたねえ…まあだから，自分次第でゼミの雰囲気って変わるんかなって思ってましたけど，その今いろんなこと話したなかで，やっぱ，全員で雰囲気ってつくってるわけやし，自分自身で，自分次第で変わるってわけじゃないですね。

ひろたか（4）が「その今いろんなこと話したなかで，やっぱ，全員で雰囲気ってつくってるわけやし，自分自身で，自分次第で変わるってわけじゃないですね」と述べるように，これまでの活動を振り返りながら語るなかで自分自身の考えの変化に対する気づきが生まれていく。

組み合わせの不本意さの克服

こうした変化を遂げる学生の姿として，最後に，ブラザーシスターが当初は「不本意」な活動であったものの，2年間の活動を通してよいものと捉え直すことができた学生の語りを紹介したい（ここでは格段のプライバシー配慮のため，名前は伏せて，●●，■■とする）。

●●　ほんまは，半分は，ブラザーシスターは嫌やなって思ってた部分はあったと思うんですけど，先輩となんかめっちゃ緊張するし，うまくいくかどうかわからへんし，嫌やなあってゆうのはちょっとあって。
　ヨシ　うんうん，あ，これか，4ページの29番（ヨシはインタヴューの際，あらかじめテープ起こしして印刷したものを相手に渡し，文字情報となったものをもとにその真意を問う方法をとった）。
●●　あ，これですこれです（笑），あ，でもこれ半分嘘ゆ

ってるって思うんですけど（笑）。

ヨシ　いえいえ、ほんとに、そういうふうに、そのことをゆってもらってるってゆうこと自体が、ありがたいことだから。

●●　もうなんか読みながら笑ってしまった（笑）…まあでもなんやかんやで田中ゼミでよかったなあって思いますね、そのブラザーシスターの質問紙配るのを、お手伝ったりしてもらったんですけど、それをお願いするメールを送るときに、ぜったい断られるやろうなって思いながら（笑）、送ったんですけどでも、二人とも来てくれて、なんか申し訳ない、ありがとうってめっちゃ嬉しかったし、楽しかったし…そういうのがあったから、その次の子らに、伝えるとしたら、大丈夫やでって、伝えたいなってゆうふうに、思います、こんな私でもついてもらえたんで（笑）。

このように、3回生ではブラザーシスターについた4回生から十分な学習機会に恵まれず、不本意な形で活動を終えていたものの、4回生になって新たな3回生が参入し、そこでの新たな関わりを通して、ブラザーシスターを通したゼミでの学びをよいものと認めることができた者がいる。とりわけ「お願いするメールを送るときに、ぜったい断られるやろうなって思いながら（笑）、送ったんですけどでも、二人とも来てくれて、なんか申し訳ない、ありがとうってめっちゃ嬉しかったし、楽しかったし」との語りからは、当初は不安であった3回生との関わりが、予想に反して喜ばしい経験として捉えられたことで、3回生の新たな参入とそこでの関わりが学びのリソースとして機能していることがうかがえる。同じく新たな3回生の参入を契機に、かつての「不本意」な経験を自ら捉え直して、活動にさらに励むことができたケースがある。

■■　　4回生になったってことで，やっぱり下の後輩ができるってことで，その点3回生のときはゼミにあんまり休みがちだったこともあったと思うんですけど，でも4回生になったらそういうこともちゃんとしていかないといけないってゆう自覚ってゆうのが少し生まれてきましたし，そのやっぱり後輩3回生ってゆう存在が，こうまあちょっと自分のなかで変わるきっかけってゆうか，ゼミに対する意欲がちょっと変わったかなってゆうのもありますね。…僕は3回生のときに，あんまりブラザーシスターってゆう制度を自分のせいなんですけど，活かせれてなかったなってゆうのがあって，で自分が4回の立場になったときに後輩の人たちにじゃあどういうふうに接していくってゆうかどういうふうに発表も進めていけばいいのかってゆうのがあんまりわかってなかったんで。

　　ヨシ　　ブラザーシスターってゆうところで振り返ってみると。

　　■■　　やっぱ3回のときに自分がええっといい思い出がなかったので，その分やっぱ自分が4回生になったときには自分についてくれた3回生にはよくしていきたいなってゆうのはありましたね。

　　ヨシ　　ブラザーシスターに3回生が不安をもっていたとしたら，アドバイス的な。

　　■■　　そうですねえ，やっぱり，そういう人がいたら，自分が4回生になったときのことを考えたら，どんな人でもどんなブラザーシスターでも，ぜったい自分からよくしたいと思ったらできると思うし，そうやって，今4回生といい関係をつくれば自分が4回生になったときに，いいブラザーシスターについてもらえるようになるってゆう，ことをゆうと思います。

このように当初を「僕は3回生のときに，あんまりブラザーシス

ターってゆう制度を自分のせいなんですけど，活かせれてなかったなってゆうのがあって」と振り返る一方で，「3回生ってゆう存在が，こうまあちょっと自分のなかで変わるきっかけってゆうか，ゼミに対する意欲がちょっと変わったかなってゆうのもありますね」との語りにもあるように，2年間の活動を通してブラザーシスターの学びが捉え直されている。また，「やっぱ3回のときに自分がええっといい思い出がなかったので，その分やっぱ自分が4回生になったときには自分についてくれた3回生にはよくしていきたいなってゆうのはありましたね」との語りからは，成員の交代過程自体が学びのリソースになりうる点を示している。成員交代過程を伴うゼミでの学びは，共同的な回想の場を通して，改めて意味づけられていくのである。

Chapter 10
ゼミでの学びのモデルと文化の継承・断絶

　本章では，ゼミでの学びの意味を改めて一つのモデルに位置づけ直すことを通して，その本質について議論していく。II 部の 1 章から 4 章にかけて，ゼミでの活動を，時間を追って，四つのフェイズで紹介してきた。そこではとりわけ，学び手が共同体に参加していく過程を観察・インタヴューから得られた資料に基づき，克明に記述することで，ゼミにおける学びの意味を問うてきた。

　ゼミでの学びの過程は，学び手側からみると参加の過程といえるが，共同体の側からそれを眺め直せば，共同体の成員の交代過程のなかで当該の文化を継承・発展させていく「備え」と「離れ」の過程としても捉えられる。

　ここでの備えとは，諸々の活動に参加する構えを形づくる実践をさす。たとえば，3 回生がゼミでブラザーシスターを選び，そこでの実践を通して，じょじょにゼミのあり方を理解するようになる学びの過程は，同時に 4 回生になるための準備の過程であるともいえ，4 回生になるべく「備え」る実践をしている，と解釈できる。一方，離れとは，諸々の活動から離脱する際の実践をさす。たとえば，4 回生は卒論の作成をしながら，やがて自身はゼミから卒業する側になるが，そこでの過程は同時に，3 回生にさまざまな実践を伝え残しながらの「離れ」る実践をしている，といえる。すなわち，こうした備えと離れの過程は，ゼミの制度上，新たに学ぶ必要が生じる活動（発表，卒論，各種行事）に関係づけられながら，成員性を同時に規定することになるので（3 回生と 4 回生の成員交代に伴う成員性の位置づけ），ある一定の制約・拘束を持ちながら維持・継承されていく，とも考えられる。以上から，年間を通した活動への参

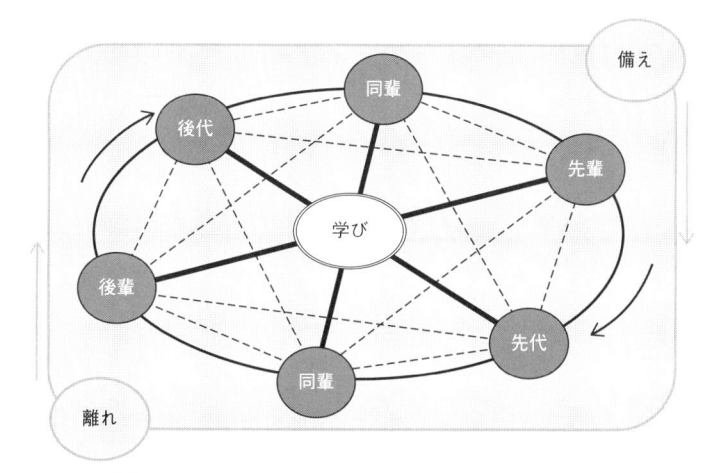

図10-1 「備え―離れ」の過程から成る大学ゼミの学びのモデル（山田（2013）博士論文の一部を編集して掲載）

加における学びの過程は、必然的に文化継承という意味合いを帯び、ゼミという共同体での学びを通した文化継承過程として構成されるものといえるのである。

この備え―離れの視点からゼミでの学びをモデルとして構成したものが図10-1である。そこでは、ブラザーシスターを通した先輩と後輩の関係、4回生の卒論など課題遂行における同輩同士の関係、世代を超えた行事の引継ぎなどの先代と後代の関係といった、さまざまな関係のつながり（リエゾン）のなかで生成される学びが想定されている。言い換えると、これらのつながりのなかで、学びはそれぞれがそれぞれに対して作用し合う単位（ユニット）の間に埋め込まれたものとして捉えられる（図10-1ではユニットを実線で結んで表記）。そして、そこでの学びとは、とりわけ、世代を超えて続く過程といえるので、「完結」するものでもないし、「ゴール」でもなく、円環的に持続する作用とみなすことができるという意味で、継続的に遂行されるものと捉えられる（その作用を図では矢印で表

記)。また，それらのユニットはユニット内のみの閉じた関係ではなく，他のユニットにも開かれた関係としてみることができる（図10-1 では破線で表記）。たとえば，3 回生が 4 回生同士の同輩関係をみて，学ぶ，といったケースがある場合には，先輩と同輩とのユニット間のつながりのなかでの学びが想定される。

　この学びのモデルの特徴は，当該世代のなかでみられる学びが，歴史的に循環する過程にいかに織り込まれていくのかを問おうとする点にある。例えば，通年の先輩後輩関係における一つの世代のなかでの学びが，歴史的に維持・発展されていく世代間レベルでの学びにいかに重なり合いながら，生成されるのかを議論できる。具体的には，年間の行事のなかに現れる先輩や後輩のつながりに埋め込まれた各種行事のなかでの学びが，数年にわたる期間単位の世代間でのつながりのなかでみられる文化の維持にいかにつながるのかについて検討できる。文化継承の実践における学びの姿を重層的に描くことを通して，よい実践がいかに連続性をもつのかを理解しようと試みるのである。

　一方，冒頭でも述べたように，このモデルでは文化の継承・発展に加え，文化がいかに断ち切られるのかという文化断絶の問題をも考察できると考えられる。ブラザーシスターにおける「組み合わせの不本意さの克服」の項でもみたように，必ずしもすべてがよいものとして捉えられ，単に順当に継承されていくのではなく，新たなつながりの機会を通して，かつての実践を受容し，その意味を捉え直し，次の新たな学びを生み出していく。あくまでゼミのペア活動の事例であるが，文化の断絶の条件について新しい関係形成の契機において何がそこで生じるのかを改めてこの枠組みから眺め直すとき，負の遺産（先輩からの後輩に対する「便利な助手」としての扱い，または後輩に全く興味・関心を示さない形の無関与的な関わりなど）の断ち切りの現象を考察する理論的観点になりうるものと考えられる。

　これを，ゼミ活動を超えた，たとえば文化系クラブ活動や運動系

クラブでの文化継承を考える際に応用すれば，運動系での体罰体質という負の遺産の断絶の方途を考えていく一つの契機となるであろう。

初出一覧

理論的実践の場としてのゼミ（第3章）
　田中俊也　(2002).　理論実践の場としてのゼミ　関西大学教育後援会「葦」104-105.

初年次教育（第4章）
　田中俊也　(2007).　初年次教育研究センターとUniversity101―サウスカロライナ大学から学ぶ―　田中俊也・中澤　務・本村康哲・森　貴史・渡邊智山　初年次導入教育に関する総合的研究―学びのスキル獲得と情報リテラシーの同時獲得・形成を目指して―　平成18年度関西大学重点領域研究（B-7）「大学における教育と研究」　研究報告書　1-28.)

問題解決と課題解決（第5章）
　田中俊也　(2013).　問題解決と課題解決　全国私立大学FD連携フォーラムニュースレター．4号．6．

学習から学びへ（第6章）
　田中俊也・前田智香子・山田嘉徳　(2009).　学びを動機づける「正統性」の認知―参加としての学びの基本構造―　関西大学心理学研究，1，1-8.

学びと正統性の認知・アクセスのしやすさ（第7章）
　田中俊也・前田智香子・山田嘉徳　(2009).　学びを動機づける「正統性」の認知―参加としての学びの基本構造―　関西大学心理学論集，1，1-8.

ピア活動とブラザー＆シスター制度（第8章）
　田中俊也・岩崎千晶　(2012).　学びをサポートする学生・院生の教育力の活用　関西大学高等教育研究，3，1-11.

本文中引用文献

　Lave, J. & Wenger, E. (1991). *Situated Learning: Legitimate Peripheral Participation.* Cambridge, UK: Cambridge University Press.　(ジーン・レイヴ／エティエンヌ・ウェンガー　(1993).　状況に埋め込まれた学習―正統的周辺参加　佐伯　胖（訳）・福島真人（解説）　産業図書）

Prichard, A. & Woollard, J. (2010). *Constructivism and Social Learning.* Abingdon, UK: Routledge.

田中俊也 (2000). ネットワーク社会における新しい教育―捨て去るものと引き継ぐもの― 園田　寿（編著）知の方舟―デジタル社会におけるルールの継承と変革― ローカス pp. 59-77.

Tanaka, T., Yamada, Y., & Oshie, T. (2009). Developing Peer-Support Skills in Students. *The First Year Experience Monograph Series*, **52**, 55-60.

田中俊也・前田智香子・山田嘉徳 (2009). 学びを動機づける「正統性」の認知―参加としての学びの基本構造― 関西大学心理学論集, **1**, 1-8.

山田嘉徳 (2012). ペア制度を用いた大学ゼミにおける文化的実践の継承過程 教育心理学研究, **60**(1), 1-14.

山田嘉徳 (2013). 大学ゼミにおける協同的な学びのプロセス 関西大学大学院心理学研究科博士論文（未刊行）

おわりに

　高校生が，次のステップとして大学で学ぶということはいったいどういう意味を持つのでしょうか。この問いに答えるのはそれほどたやすいことではありません。

　個人レベルで言えば，高校までに学習してきたことに対する，「何か足りない」という感覚，さらに極めてみたいという知的欲求を満たすために進学する者がいるでしょう。こうした感覚や欲求はさらに複雑で，「足りない」のは，どうも本当に重要な部分を隠されて教えられてきたという洞察からそうした包み隠しのない全部を知りたい，というものであったり，本当は10あるのに高校までは7までしかやってない，という，量的な拡大への希望であったりします。こうした欲求や希望をもとに大学での学びが展開されと考えられます。

　もう少し社会的なレベルで言えば，高校までの「科」に分かれた知識やスキルの獲得・その評価は，本当に社会に出たとき意味のあるものなのだろうか？　ひょっとしてあまり多くの意味を持たないことを時間やお金をかけてやっているだけなのではないだろうか？といった疑問を解決できるような学びが大学にはあるのではないだろうか，という期待から進学をする者も考えられます。知識やスキルの獲得の場のみならず，ある種のほんものの力を育成する場としての大学での学びへの期待です。

　本書では，後者の学びに力点を置いた，大学でのゼミの実態について，4半世紀の実践を通して，そこでの学びの本質的な姿を明らかにしようと試みました。この実践から得られた学びの本質について，以下のようにまとめることができます。

① 学びは問題解決である：一定の共同体の中での問題解決過程に

おいて，その問題解決そのものが学びである。
② 学びは協同で行われる：問題は共同体の他者の意見等を取り入れながら，自らのどうしても退けない部分との折り合いをつけることによって解決されていく。著書や論文の参照も「他者」との協同である。
③ 学びは創造である：既に存在するものを再帰的になぞる「学習」とちがって，学びは新たなものを創造していく過程である。
④ 学びは感動である：個別の知識やスキルの獲得過程でもそうであるが，全体として学びが一定の完結をみたとき（本書では卒論作成・提出），そこには大きな感動がみられる。完結だけではなく，そのプロセスでも感動は生じる。

　大学での学びの本質的諸特性が発揮できる社会性・市民性（シチズンシップ）の獲得は大学教育の大きな目的の1つでもありそのことに少しでも貢献できれば著者としては望外の喜びです。

　はじめに，でも書いたように本書は2部で構成されています。
　第Ⅰ部は田中が担当し，4半世紀にわたるゼミの運営について，5つの期にわけて紹介しています。

　期の分け方はある意味恣意的ではありますが，ある意味必然でもあります。すなわち，赴任直後の，さてどうしようという学生たちとの「出会い」の時期，それに続く，本ゼミでの「ブラザー＆シスター・システム」という独自の運営スタイルを成立させた時期，1年間の在外研究での不在を経て帰国後の，ブラザー＆シスター制度を再構築し深化・充実させていく時期，そして3，4回生全体が1つのファミリーとして世代交代を内包しながらもその継承を文化にしていった成熟の時期，です。本文では5章に分けていますが，4つのフェイズ，とみなすこともできます。

　この，各期を記述するのに3つの工夫をしました。
　1つは，そのころの学生たちの動き，つながり（リエゾン）がで

きるだけ生き生きとイメージできるよう,「なまえ」をひらがな表記したことです。この点に関しては,個人情報保護との絡みもあり,微妙なところですが,できる限り当該の人物に表記や写真等掲載の許可を得ています。実はこの作業がもっとも大変でした。

　2つめには,ゼミの運営に際して直接・間接に関連するさまざまなワードやトピックについてそのつど,項目をたてて解説を加えました。黎明期,発展期では「ゼミだより」を出していましたので,その内容も一部紹介しました。

　3つめには,登場人物の,ゼミ生活の成果としての卒業論文について,その題目のみですが,それを紹介しました。全くの自由意思で選んだテーマが,演習を経て最終的にどのようなテーマになったのか,それがどの辺のテーマと結びつくのか,という学びのリエゾンを垣間見ることができると思います。

　第Ⅱ部は主に山田が担当し,第Ⅰ部での流れを,1年間の流れに置き換えて,4つのフェイズで詳細に解説しています。第Ⅰ部の「系統発生」をここでは年間の行事という「個体発生」に置き換えて記述したといえます。これは山田が学位論文を書くまでに関与したゼミでの参与観察データをもとに,そこでのやりとりの本質をそのつど解説する形で書き進めたものです。最後には,年間を通したこうした活動と文化継承の関連について言及しています。

　そこに,第Ⅰ部同様,関連するワードやトピックを,田中の既発表の論文やエッセイから抜粋したり加筆したりして解説しています。

　本書をまとめるにあたって,まずは登場するすべてのゼミ卒生に感謝します。あなたたちの実践がこうした「物語」をつむぎ,大学での学びを考える重要な実践を見せてくれた,といえます。

　次に,これまでのゼミ実践の連続性を支えていただいた,文学部心理学教室のスタッフの皆さんに感謝申し上げます。在外研究や研修員で穴が開いたときにもお互い助け合ってなんとかその連続性を保つことができました。また,教員のみならず,実験室事務の歴代

のスタッフにも深く感謝します。心理第 3 実験室という空間的リソースは間接的ですがゼミの学びを完全にサポートしてくれました。空間が学びをつくる，という，今よく耳にする「ラーニング・コモンズ」空間の哲学をいち早く実践した，と自負できます。

　また，本ゼミ実践の理論的基盤となったレイヴ先生（Lave, J.）にも謝意を表します。UC バークレイに訪ね，ゼミの実践を LPP 理論と絡めて説明したとき，「それはあなたの理論だ（特に本書Ⅱ部第 7 章の図」と言われ，恐縮して，「いや，あなたのです」と伝えたことを思い出します。原著がでたのが 1991 年，翻訳が 1993 年ですから，確かに全く独自にこちらの実践をしていたことになります。奇しくも，同じような発想で「学び」を考えていたことになります。訪れたときちょうどお庭のハーブの収穫の話をされ，パセリにセージに……と続けられているところこちらから，"rosemary and thyme?" とさえぎって話し，お互い爆笑したものです。ちょうど，西海岸でのガーフィンケル先生（Garfinkel, H.）と，東海岸での，当方が在外研究でついていたサイモン先生（Simon, H. A.）の「対決」の話をしている時でした。顔を見合わせて喋った言葉が "Simon and Garfunkel??" でした。完全に意気投合しました。

　こうした，大学での学びに関する書籍は，まだまだ数少なく，出版に快諾いただいたナカニシヤ出版，その編集代表者の宍倉由髙さんにも心からの感謝の意を表します。

2014 年 9 月 5 日
著者代表
田中俊也

索　引

人名
ウェンガー（Wenger, E.）　15, 112
ウラード（Woollard, J.）　131
ガーフィンケル（Garfinkel, H.）　153
河田悌一　39
サイモン（Simon, H. A.）　36, 153
芝井敬司　39
トボロウスキー（Tobolowsky, B.）　60
浜本隆志　39
バーマン（Berman, D.）　62, 63
プリッチャード（Pritchard, A.）　131
レイヴ（Lave, J.）　15, 112, 153

A to Z
B & S　17, 18, 24, 34, 43, 45, 48, 49, 54, 56, 72, 73, 98, 99, 112
FD 活動　77
FYE-USC　57
LPP（理論）　56, 74
University101　58, 59

あ行
アクセスの保証　113
アクティヴ・ラーニング　97
足場架け（scaffolding）　130

か行
カーネギーメロン大学　36, 37, 39
学習　50, 57
学内行政　74
課題　76
眼球運動　76
疑似正統的中心参加　50
教育後援会　28
教授・学習　75
研究専念義務　36
研究の倫理　69
研修員　36, 74

さ行
サウス・カロライナ大学　57
在外研究員　35
参加（participation）　49, 97, 144
思考・問題解決　50
状況（situation）　112
初年次教育　57
新参者　16
心理学一般実験　12
心理学研究科　44, 67
心理学専修　12
心理第一実験室　12
成員性　144
正統性（legitimacy）　34, 50, 96, 107, 112, 113
正統性の認知　86
正統的周辺参加（Legitimate Peripheral Participation）　49, 112
ゼミ合宿　34
ゼミ所属　25
ゼミだより　20, 21
ゼミ登録　24, 25
ゼミ文化　51
ゼミ回り　25
先輩　15, 16, 19, 29, 33, 34, 35, 45, 73, 76
先輩-後輩関係　73

専門職大学院　66
備え　144, 145
備え-離れ　145

た行
大学院外国語教育学研究科　44
知のナヴィゲーター　57
頭部運動　76
トラックモデル　96

な行
ナナメの関係　132
認知心理学　50
ノーベル賞　39

は行
離れ　145
ピア（peer：仲間）　16, 130
ピッツバーグ便り　37, 38, 39

「ブラザー＆シスター」システム　17
文化断絶　146
文化継承　145

ま行
学び　57, 75, 85, 86, 144, 145
学びのトラジェクトリー　56, 132
矛盾　122, 124, 126
問題　76
問題解決　129, 150, 151
問題状況　76

や・ら行
ユニット　145
リエゾン　1, 54, 73, 145, 151, 152
臨床心理士　66
倫理綱領　69

【著者略歴】
田中俊也（たなか　としや）
現職：関西大学文学部教授／関西大学教育開発支援センター長
1981 年　名古屋大学大学院教育学研究科修士課程後期課程修了，博士（心理学）
専門：教育心理学・認知心理学
著作：『思考の発達についての総合的研究』（関西大学出版部，2004 年）
　　　『教育心理学［第 3 版］』（共著　有斐閣，2015 年）など。
連絡先：田中　toshig10@gmail.com

山田嘉徳（やまだ　よしのり）
現職：関西大学教育推進部特任助教
2013 年　関西大学大学院心理学研究科修士課程後期課程修了，博士（心理学）
専門：教育心理学
著作：「ペア制度を用いた大学ゼミにおける文化的実践の継承過程」『教育心理学研究』，60(1)．1-14．(2012 年)
　　　「先輩後輩関係を指導単位とするゼミ制度の有効性に関する一考察」『京都大学高等教育研究』，第 17 号，1-14．(2011 年)
連絡先：山田　yyamada12@gmail.com

大学で学ぶということ
ゼミを通した学びのリエゾン

2015 年 4 月 20 日　初版第 1 刷発行　　（定価はカヴァーに表示してあります）

著　者　田中俊也
　　　　山田嘉徳
発行者　中西健夫
発行所　株式会社ナカニシヤ出版
〒606-8161　京都市左京区一乗寺木ノ本町 15 番地
　　　　　　　　Telephone　　075-723-0111
　　　　　　　　Facsimile　　075-723-0095
　　　　Website　　http://www.nakanishiya.co.jp/
　　　　Email　　iihon-ippai@nakanishiya.co.jp
　　　　　　　　郵便振替　01030-0-13128

装幀＝白沢　正／印刷・製本＝創栄図書印刷
Copyright © 2015 by T. Tanaka and Y. Yamada
Printed in Japan.
ISBN978-4-7795-0954-4　C0037

本書のコピー，スキャン，デジタル化等の無断複製は著作権法上での例外を除き禁じられています。本書を代行業者等の第三者に依頼してスキャンやデジタル化することはたとえ個人や家庭内の利用であっても著作権法上認められておりません。